Silke Steigner

Maria Leondin

Chinesische Astrologie

Die Ziege

Jahresbeginn nach dem chinesischen Mondkalender	Ihr Tierkreis-zeichen	Jahresbeginn nach dem chinesischen Bauernkalender
02. 02. 1927	Hase	05. 02. 1927
23. 01. 1928	Drache	05. 02. 1928
10. 02. 1929	Schlange	04. 02. 1929
30. 01. 1930	Pferd	04. 02. 1930
17. 02. 1931	Ziege	05. 02. 1931
06. 02. 1932	Affe	05. 02. 1932
26. 01. 1933	Hahn	04. 02. 1933
14. 02. 1934	Hund	04. 02. 1934
04. 02. 1935	Schwein	05. 02. 1935
24. 01. 1936	Ratte	05. 02. 1936
11. 02. 1937	Büffel	04. 02. 1937
31. 01. 1938	Tiger	04. 02. 1938
19. 02. 1939	Hase	05. 02. 1939
07. 02. 1940	Drache	05. 02. 1940
27. 01. 1941	Schlange	04. 02. 1941
15. 02. 1942	Pferd	04. 02. 1942
05. 02. 1943	Ziege	05. 02. 1943
25. 01. 1944	Affe	05. 02. 1944
13. 02. 1945	Hahn	04. 02. 1945
02. 02. 1946	Hund	04. 02. 1946
22. 01. 1947	Schwein	04. 02. 1947
10. 02. 1948	Ratte	05. 02. 1948
29. 01. 1949	Büffel	04. 02. 1949
17. 02. 1950	Tiger	04. 02. 1950
06. 02. 1951	Hase	04. 02. 1951
27. 01. 1952	Drache	05. 02. 1952
14. 02. 1953	Schlange	02. 02. 1953
03. 02. 1954	Pferd	04. 02. 1954
24. 01. 1955	Ziege	04. 02. 1955
12. 02. 1956	Affe	05. 02. 1956
31. 01. 1957	Hahn	04. 02. 1957
18. 02. 1958	Hund	04. 02. 1958
08. 02. 1959	Schwein	04. 02. 1959
28. 01. 1960	Ratte	05. 02. 1960

Fortsetzung am Ende dieses Bandes.

Maria Leondin

Chinesische Astrologie

Die Ziege

13.	2.	1907	bis	1.	2.	1908
1.	2.	1919	bis	19.	2.	1920
17.	2.	1931	bis	5.	2.	1932
5.	2.	1943	bis	24.	1.	1944
24.	1.	1955	bis	11.	2.	1956
9.	2.	1967	bis	29.	1.	1968
28.	1.	1979	bis	15.	2.	1980
16.	2.	1991	bis	3.	2.	1992
1.	2.	2003	bis	21.	1.	2004

tosa

Satz und Layout: www.textwerkstatt.at
Grafiken: Lukas Kaspar und Ulrike Müller-Kaspar
Cover: Joseph Koó
Druck: Druckerei Theiss GmbH, St. Stefan im Lavanttal

www.tosa-verlag. com

Inhalt

Vorwort

Wenn Sie sich für dieses Buch interessieren, dann sind Sie wahrscheinlich selbst in einem Jahr der Ziege geboren worden, oder Sie kennen jemanden, der Ihnen besonders wichtig ist und der seinen Geburtstag in einem solchen Jahr feiert. Dabei handelt es sich vielleicht um Ihren derzeitigen Partner oder um einen Menschen, mit dem Sie in einer engeren Beziehung leben würden. Vielleicht geht es um Ihr Kind, um eine liebe Freundin oder um den Chef oder die Chefin.

Selbst wenn Sie sonst kein Freund davon sind, Menschen in Kategorien einzuteilen, sie „in Schubladen" zu packen, werden Sie feststellen, welche faszinierenden Parallelen sich bei Menschen finden lassen, die im gleichen Jahr geboren wurden. Und wenn Sie sich im Freundes- und Bekanntenkreis umsehen, ein wenig Ahnenforschung betreiben und die Kinder in Ihrer Umgebung beobachten, werden Sie wahrscheinlich bemerken, dass sich bestimmte Eigenarten in regelmäßigen Zyklen wiederholen.

In diesem Buch finden Sie einerseits eine kompakte, gut verständliche Einführung in die chinesische Astrologie und die Erklärung kultureller Aspekte, die damit im Zusammenhang stehen.

Doch vor allem geht es hier ganz speziell um die Ziege-Geborenen. Sie werden faszinierende Einblicke in die grundsätzlichen Charakterzüge dieser Menschen erhalten. Sie werden aber auch erkennen, dass es unter den Ziegen sehr unterschiedliche Typen gibt, die sich wiederum aus den speziellen Konstellationen des chinesischen Tierkreises erklären lassen. Sie werden viel über die speziellen Stärken und Schwächen der Ziegen erfahren und Tipps bekommen, wie Sie mit ihnen am besten umgehen, um unnötige Spannungen und Streitereien zu vermeiden. Sie werden auf besonders günstige, aber auch auf besonders herausfordernde Kombinationen der astrologischen Zeichen hingewiesen und lernen stärkende und schwächende Paarbeziehungen kennen.

Ganz egal, ob Sie mehr über sich selbst erfahren wollen oder über einen Ihnen nahe stehenden Menschen, in diesem Buch werden Sie eine ganze Reihe von Aha-Erlebnissen finden. Viel Spaß beim Lesen!

Chinesische Astrologie

Die meisten Menschen können auf Anhieb sagen, in welchen europäischen Tierkreiszeichen sie geboren wurden. Ob man Widder, Stier, Zwilling oder Krebs ist, gehört neben dem Wetter und der Frage nach dem Beruf zu den beliebtesten Party-Themen. So mancher Flirt bekommt erst dann eine echte Chance, wenn man auf die Frage, „Löwe?", „Jungfrau?", „Waage?" oder „Skorpion?" an der „richtigen" Stelle nickt. Es soll sogar Chefs geben, die bei einer Bewerbung kurz darüber nachdenken, wie das Tierkreiszeichen eines Bewerbers mit ihrem eigenen harmoniert. Und das Horoskop ist in der Tageszeitung eine der meistgelesenen Seiten, auch wenn viele Leser das nicht gerne zugeben.

Mit seriöser Astrologie haben Kurzhoroskope und Partygespräche nicht viel zu tun. Es handelt sich vielmehr über verkürzte Zuschreibungen, die an den grundlegenden Erkenntnissen aus jahrtausendelangen Beobachtungen des Himmels vorbeigehen. Denn dabei geht es vielmehr um Erkenntnisse, dass bestimmte Charaktereigenschaften, aber auch ganz bestimmte Ereignisse in Perioden immer wieder auftreten, und zwar parallel zum Stand der Planeten am Himmel. In unserer europäischen Tradition sind dies die zwölf Tierkreiszeichen, die im Monatsrhythmus das Jahr in zwölf Abschnitte teilen.

Ähnliche Beobachtungen wurden seit Menschengedenken auch in anderen Kulturen gemacht. So teilten die Ureinwohner Amerikas das Jahr in zwölf Monde, denen sie bestimmte

Eigenschaften zuordneten. Die Aborigines Australiens teilten das Leben in die Qualitäten von sieben aufeinanderfolgenden Tagen.

In den vergangenen Jahren hat aber vor allem ein System bei uns Beachtung gefunden, das aus dem Fernen Osten zu uns kommt: das chinesische Horoskop. Es besteht aus der Abfolge von zwölf Tieren, die jeweils ein Jahr regieren und denen bestimmte Eigenschaften zugeordnet sind. Konkret besteht der chinesische Tierkreis aus Ratte (Zi), Büffel (Chou), Tiger (Yin), Hase (Mao), Drache (Chen), Schlange (Si), Pferd (Wu), Ziege (Wei), Affe (Shen), Hahn (You), Hund (Xu) und Schwein (Hai).

Der Wechsel dieser tierischen Jahresregenten führt uns jedoch direkt in die Tücken des chinesischen Horoskops. Die Chinesen verwenden nämlich traditionell ein für unser Verständnis sehr kompliziertes System von Kalendern.

Unseren gregorianischen Kalender haben sie zum 1. Januar 1929 im Prinzip nur eingeführt, um im internationalen Verkehr verbindliche Termine vereinbaren zu können.

Vom alten chinesischen (Mond-)Kalender leitet sich das chinesische Neujahrsfest ab, bei dem der neue Jahresregent mit festlichen Umzügen und Feierlichkeiten in den Familien begrüßt wird. Dieser Jahreswechsel findet stets bei Neumond zwischen dem 20. Januar und dem 19. Februar statt, oder, genauer ausgedrückt, das chinesische Jahr beginnt mit dem zweiten, manchmal auch mit dem dritten Neumond nach der Wintersommerwende. Das Neujahrsfest auf den Neu-

mond zu legen, hatte früher einen ganz praktischen Aspekt. In China sind die Entfernungen ebenso groß wie die Traditionen. Zum Neujahrsfest fuhr und fährt jeder nach Hause zu seiner Familie, um mit ihr den neuen Jahresregenten zu begrüßen und die Ahnen zu ehren. Allein die Anreise dauerte oft mehrere Tage. Wer den Mond vor Augen hatte, wusste, wann er losfahren musste, um rechtzeitig anzukommen. Im Internet gibt es eigene Homepages wie jene des Hong Kong Observatory, die Umrechnungstabellen für diese beiden Kalendersysteme zur Verfügung stellen.

Für astrologische Zwecke wird dagegen der chinesische Bauernkalender verwendet, der sich stärker am Sonnenstand orientiert. Der Frühlingsanfang und damit der Jahresbeginn im chinesischen Bauernkalender liegt meistens auf dem 4., manchmal auch auf dem 5. Februar.

Da das chinesische Neujahrsfest in den Medien eine viel stärkere Präsenz erfährt als der Frühlingsanfang, der „nur" für Millionen chinesischer Bauern und einige Astrologen von Bedeutung ist, ziehen viele Menschen dieses als maßgeblich für den Anfang des chinesischen Jahres heran. Für astrologische Zwecke ist das jedoch nicht ausreichend, wie wir noch sehen werden.

In der Tabelle 5 ab Seite 38 finden Sie beides: den vom Hong Kong Observatory seit 1901 für den chinesischen Jahresbeginn errechneten Neujahrstermin und daneben eine Spalte mit dem Termin des Frühlingsanfangs in allen Jahren von 1901 bis 2010.

Wenn Sie also wissen wollen, welches Tierkreiszeichen Sie genau sind, dann müssen Sie nicht mehr den chinesischen Gastwirt an der nächsten Ecke fragen, sondern können einfach in der Liste ab Seite 38 dieses Buches nachsehen.

Drei Zyklen

Grundsätzlich bemüht sich die chinesische Astrologie – so wie alle Horoskopsysteme der Menschheit – um das Erkennen allgemeingültiger, wiederkehrender Muster in natürlichen Abläufen, die im menschlichen Leben ihre Entsprechungen finden. Doch während die alten babylonischen und griechischen Astrologen die Planeten als mythische, himmlische Wesen betrachteten, beobachteten und aus ihrer Bewegung und deren Beziehung zu Ereignissen auf der Erde menschliche Schicksale und dann auch Grundtypen ableiteten, versuchten die chinesischen Astrologen, langfristige Rhythmen von Mond, Sonne und Natur zu erkennen, Parallelen zu den Mustern und Ereignissen des menschlichen Lebens zu entdecken und daraus mögliche Entwicklungen abzuleiten.

Die chinesische Astrologie basiert auf drei sich überlagernden Zyklen: Erstens dem Zyklus der zwölf Erdzweige (Di Zhi), die in Gestalt der bei uns bekannten zwölf Tiere dargestellt werden, zweitens dem Zyklus der fünf Elemente und drittens dem Zyklus der zehn himmlischen Stämme (Tian Gan). Die Abschnitte des ersten und des dritten Zyklus dauern jeweils ein Jahr, die des zweiten zwei Jahre.

Die zwölf Erdzweige

Der Sage nach lud der sterbende Buddha die Tiere ein, um sich von ihnen zu verabschieden (in einer anderen Version ging es um ein Neujahrsfest). Als Erstes kam die Ratte, die sich im Fell des Büffels versteckt hatte und im letzten Moment heraussprang, um vor ihm am Ziel zu sein. Zuvor hatte sie noch die Katze getäuscht, sodass diese den Besuch beim Erleuchteten verpasste und aus Rache bis heute Ratten und Mäuse frisst.

Nach der Ratte und dem Büffel erschienen der Tiger, der Hase, der Drache, die Schlange, das Pferd, die Ziege, der Affe, der Hahn, der Hund – und als Letztes das Schwein. Als Dank für ihre Treue erhob Buddha die zwölf in der Reihenfolge ihres Eintreffens jeweils zu Regenten eines Jahres. Seither folgen sie in der immer gleichen Reihenfolge aufeinander.

Jedes Tier verleiht „seinem" Jahr und auch den in diesem Jahr geborenen Menschen grundlegende Eigenschaften. So sorgt die Ratte für Angriffslust, der Büffel für Sanftmut, der Tiger für Verwegenheit, der Hase für Diplomatie, der Drache für geistige Wendigkeit, die Schlange für Gerissenheit, das Pferd für Ungeduld, die Ziege für Artigkeit, der Affe für Unbeständigkeit, der Hahn für Stolz, der Hund für Treue und das Schwein für Ehrlichkeit.

Natürlich heißt das nicht, dass alle Menschen, die im selben Jahr geboren sind, genau den gleichen Charakter besitzen – doch gibt es erstaunlich viele Gemeinsamkeiten. Lehrer machen oft diese Erfahrung: In jedem Jahrgang gibt es ganz spezielle Themen, ganz spezifische Herausforderungen. In einem Jahr sind die Schuleinsteiger auffallend schlampig, im Jahr darauf glänzen sie durch besonderen Fleiß, wieder ein Jahr später herrscht im ersten Jahrgang Gleichgültigkeit und Desinteresse. Und dennoch käme kein Lehrer auf die Idee zu sagen, alle Schüler der Klasse seien gleich.

Das chinesische Horoskop bietet für dieses Phänomen eine Erklärung an. Wie sich die grundsätzlichen Charakterzüge, die durch den Jahresregenten festgelegt werden, konkret im Leben äußern, in welche Richtung sie führen und ob sie fruchtbar oder zerstörerisch für den jeweiligen Menschen und seine Umgebung wirken, dafür sind die beiden anderen Zyklen zuständig. Und dadurch ergeben sich auch große Unterschiede zwischen den jeweiligen Vertretern der einzelnen Tierkreiszeichen.

Die fünf Elemente

Der Zyklus der fünf Elemente entsteht durch eine Zuordnung der fünf den Chinesen vor mehr als 4000 Jahren bekannten Planeten Merkur, Venus, Mars, Jupiter und Saturn zu den fünf Elementen Wasser, Metall, Feuer, Holz und Erde. So heißt der Merkur auch Wasserstern, die Venus Metallstern, der Mars Feuerstern, der Jupiter Holzstern und der Saturn Erdstern. Wasser steht für Ruhe, Metall für Struktur und dessen Vergänglichkeit, Feuer für Aktivität und Verwandlung, Holz für Leben und Wachstum, Erde für Beständigkeit. Da die Abschnitte dieses Zyklus jeweils zwei Jahre dauern, teilen sich immer zwei aufeinanderfolgende Vertreter des Tierkreises ein Element, beispielsweise teilt sich der Hund, Regent des Jahres 2006, mit dem folgenden Regenten des Jahres 2007, dem Schwein, das Element Feuer und damit die Qualitäten von Aktivität und Verwandlung.

Die zehn Himmelsstämme

Um uns Europäer zu überfordern, kommt noch ein Zyklus ins Spiel, der tief im Taoismus verwurzelt ist. Diese Lehre der Polarität betrachtet alles auf dieser Welt als zwei Teile eines

Ganzen, als ständige Ebbe und Flut zwischen den Prinzipien des Männlichen und des Weiblichen, zwischen Yin und Yang. Diese beiden grundlegenden Kräfte werden durch Sonne und Mond dargestellt.

Kombiniert man den zweijährigen Rhythmus der fünf Elemente mit diesem jährlichen Wechsel zwischen Yin und Yang, so ergeben sich die zehn Himmelsstämme, innerhalb derer die fünf Elemente ein polares Wechselspiel der Wirkungen entfalten. Einmal üben sie einen schöpferischen, im Jahr darauf einen störenden Einfluss aus. So wie das Wasser notwendig ist, um den Samen in der Erde keimen und wachsen zu lassen, es aber auch durch Überschwemmungen alles Fruchtbare zerstören kann. Oder so wie das Feuer wärmt, schützt und die Zubereitung von Nahrung erlaubt, es aber auch Schaden anrichten kann. Außer Kontrolle geraten, vernichtet es alles, was sich ihm in den Weg stellt.

Tabelle 1: Die zehn Himmelsstämme

Himmelsstamm	Element	Yin/Yang
Jia	Holz	Yang
Yi		Yin
Bing	Feuer	Yang
Ding		Yin
Wu	Erde	Yang
Ji		Yin
Geng	Metall	Yang
Xin		Yin
Ren	Wasser	Yang
Gui		Yin

Um es noch einmal zusammenzufassen: Wir haben zwölf Erdzweige oder Tierzeichen, die im Einfluss von fünf Elementen stehen, die wiederum jeweils in zwei verschiedenen

Ausprägungen als 10 Himmelsstämme auftreten können. Theoretisch ergäben sich damit insgesamt 120 unterschiedliche Kombinationen. Da die Erdzweige selbst aber nur in einer Ausprägung auftreten oder, anders ausgedrückt, da jedes Tierzeichen entweder Yin oder Yang ist, sind es tatsächlich nur 60 Kombinationsmöglichkeiten.

Der 60-Jahre-Zyklus

Der astrologische Kalender der Chinesen geht also von 60er-Zyklen aus, da 60 die erste Zahl ist, die durch 10 und 12 teilbar ist. Eine Jahresbezeichnung setzt sich daher immer aus zwei Schriftzeichen zusammen: dem Zeichen für den Himmelsstamm (der sich aus dem Element in Verbindung mit Yin oder Yang ergibt) und dem Erdzweig, dem Zeichen für den tierischen Jahresregenten. Als Folge davon werden nur alle 60 Jahre Wasser-Büffel oder Feuer-Drachen geboren.

Dieser 60er-Zyklus kann übrigens auch mit den Planeten in Verbindung gebracht werden: Jupiter benötigt etwa zwölf Jahre für einen vollen Umlauf, Mars etwa 15 Jahre, Saturn etwa 30 Jahre und Merkur etwa zehn Jahre; das kleinste gemeinsame Vielfache dieser Zahlen ist 60 und 60 ist 5 x 12.

Schließlich spiegelt sich dieser Rhythmus auch im menschlichen Leben wider. 60 Jahre dauerte Jahrtausende hindurch das durchschnittliche menschliche Leben, 30 Jahre war die Spanne einer Generation. Dass wir heutzutage in aller Regel einige Jahre länger leben, sollten wir als das betrachten, was es ist: ein Geschenk, das wir schon aus reiner Dankbarkeit in unsere persönliche Entwicklung und damit auch in die Entwicklung dieser Welt investieren sollten.

Monatsherrscher und Stundenregenten

Zusätzlich zu den beschriebenen Jahreszyklen gibt es einen Rhythmus, in dem die Tiere der zwölf Erdzweige die Monate des Jahres und selbst die Stunden des Tages regieren. Der Monatsregent färbt die Ausrichtung des Willens und die Lebensaufgabe der Menschen. Der Regent der Geburtsstunde schließlich prägt die Ausrichtung der Gefühle.

Die chinesische Astrologie liefert also – stark vereinfacht ausgedrückt – ein Zeitraster, innerhalb dessen die Einflüsse der verschiedenen Elemente und Tiere aufgeführt sind. Daraus ergeben sich für zweistündige Zeiträume unterschiedliche Konstellationen, die sich nur alle 60 Jahre in genau dieser Form wiederholen. Anders als unsere Vorstellung vom linearen Zeitverlauf ist dieses Raster ein Anhaltspunkt, um Zeitpunkte an ihren Platz in einem immerwährenden Zyklus einordnen zu können.

Praktische Anwendung

Durch genaue Beobachtungen und Berechnungen kommen die Chinesen zu sehr differenzierten Aussagen über das Zusammenwirken immerwährender Zyklen und ziehen daraus seit mehr als vier Jahrtausenden ihre Konsequenzen für ihr Leben, ihre Partnerwahl, aber auch für geschäftliche Vorhaben und die Politik.

Ähnlich wie in der europäischen Astrologie dient aber auch das chinesische Horoskop zunächst ganz wesentlich der Selbsterkenntnis. Nur wer die eigenen Charaktereigenschaften, die in der Persönlichkeit verborgenen Stärken und Potenziale kennt und den eigenen Weg gefunden hat, ist in der Lage, im Einklang mit seinen Entwicklungsmöglichkeiten den natürlichen Rhythmen der Natur zu folgen. Doch über diese rein persönliche Ebene der Selbsterkenntnis hinaus wird dem Horoskop immer auch eine praktisch anwendbare Bedeutung zugewiesen.

Einfluss auf das tägliche Leben

Der Einfluss des gerade aktuellen Regenten wirkt sich nach chinesischer Überzeugung auch auf das tägliche Leben des einzelnen Menschen aus. In manchen Jahren gelingen ihm schwierige Dinge wie von selbst, in anderen scheint alles wie verhext zu sein. Hier spiegelt sich genau das gleiche harmonische oder problematische Verhältnis der Tierkreiszeichen zueinander, das auch bei Partnerbeziehungen oder im Verhältnis zwischen Eltern und Kindern zum Tragen kommt.

Wenn es nun zum Beispiel von der Schlange heißt, dass für sie Jahre, die vom Schwein regiert werden, problematisch sind, dann lohnt es sich durchaus, einmal nachzurechnen, wie alt eine Schlange denn in Jahren des Schweins jeweils ist: 6, 18, 30, 42, 54 und 66 Jahre ... Schulbeginn, Berufswahl und Volljährigkeit, Heirat und Kinder, Midlife-Crisis, Wechseljahre und Pensionsschock, genau dies sind die schwierigen Phasen in der Entwicklung eines Menschen, genau dies sind die Themen der meisten psychologischen Ratgeber. Wenig verwunderlich: Beim Tiger ist es das Jahr des Affen, in dem er Probleme bekommen könnte, bei der Ratte das Jahr des Pferdes, beim Büffel das Jahr der Ziege – es ist also stets das im Tierkreis genau gegenüberliegende Jahr. Jeder Mensch hat demnach im Alter von 6, 18, 30, 42, 54 und 66 Jahren gewisse Schwierigkeiten zu überwinden.

Jahre, die dagegen vom eigenen Zeichen regiert werden, sind in aller Regel besonders erfolgreiche Jahre, in denen den

Menschen die Dinge glatt von der Hand gehen. Bestärkt von jenen Energien, die ihnen selbst mit in die Wiege gelegt wurden, unterstützt sie der Jahresregent im 12., 24., 36., 48. und 60. Lebensjahr ganz besonders. Die Krisen der Veränderung sind bewältigt, ein 12er-Zyklus geht der Vollendung entgegen, das Leben läuft in seinen ruhigen Bahnen.

Die nahe liegende Frage, ob die Erkenntnis dieser Gesetzmäßigkeit oder das System des chinesischen Tierkreises zuerst vorlag, dürfte aber vom Typus des Henne-Ei-Problems sein.

Bis heute befragen traditionell lebende Chinesen ihr persönliches Horoskop, bevor sie den besten Zeitpunkt und die günstigsten Partner für wesentliche Entscheidungen treffen. Das gilt besonders für die Wahl des Ehepartners, den Termin der Hochzeit und den voraussichtlichen Geburtstermin erwünschter Kinder. Aber auch vor Reisen, Firmengründungen oder wichtigen Geschäftsabschlüssen wird das Horoskop befragt. Bis heute wählen zum Beispiel chinesische Kaufleute außerhalb des kommunistischen Machtbereichs den geeigneten Zeitpunkt für bestimmte Unternehmungen anhand der Traditionen und Erkenntnisse der chinesischen Astrologie.

Wenn man sich einmal auf dieses System einlässt, ist es durchaus sinnvoll: Für eine Mission, die besondere Diplomatie und Fingerspitzengefühl erfordert, wird man möglichst nicht einen Zeitpunkt wählen, der unter starkem Einfluss von Hahn, Schwein oder Tiger steht – unter dem Einfluss der Diplomatie des Hasen wird dieser Sache möglicherweise größerer Erfolg beschieden sein. Eine Angelegenheit wiederum, die rasche Entscheidungen, bestimmtes Auftreten und rigoroses Durchgreifen verlangt, wird unter dem Einfluss von Büffel, Hase und Ziege wohl kaum erfolgreich abgewickelt werden, während Ratte, Tiger oder Drache ihr möglicherweise die gewünschte Richtung verleihen können.

Die Partnerwahl

Die Wahl des richtigen Partners gehört zu den bekanntesten und für das Leben vielleicht sogar wichtigsten Einsatzgebieten der chinesischen Astrologie. Aber auch hier sind einige Besonderheiten zu beachten, die den Umgang mit dem chinesischen Horoskop deutlich von dem mit dem europäischen unterscheidet.

Zunächst ist es einmal wichtig zu verstehen, dass der chinesischen Astrologie ein zyklisches Entwicklungsverständnis zugrunde liegt, der europäischen ein lineares. Das macht die Deutung einer europäischen Horoskopkonstellation deutlich einfacher, wenngleich auch dort viele Ammenmärchen kursieren und seriöse Aussagen eigentlich nur nach eingehender Analyse getroffen werden können. Beschränken wir uns an dieser Stelle auf die gängigen Zuschreibungen der europäischen Vertreter des Tierkreises und ihre Beziehung zueinander und sehen uns dies einmal etwas näher an:

Auch im europäischen Horoskop gibt es Elemente, nämlich Feuer, Erde, Luft und Wasser. Die drei Tierkreiszeichen, die sich ein Element teilen, gelten als gelungene Paarung, außerdem schreibt man den Vertretern von Feuer und Luft beziehungsweise von Wasser und Erde noch gute Aussichten auf ein erfolgreiches Miteinander zu. Kombinationen aus Feuer und Wasser oder aus Erde und Luft gelten dagegen als problematisch. Trifft beispielsweise ein häuslicher, gefühls- und beziehungsbetonter Krebs auf einen extrovertierten, egozentrischen Löwen, so gibt man dieser Partnerschaft in aller Regel keine besonders guten Chancen. Zwar leidet der Krebs unter seinem feurigen Partner auf eine andere Weise als der in sich selbst verliebte Löwe. Aber es leiden beide und insgesamt, so sagt man, hält sich das gegenseitige Unglück so ziemlich die Waage.

Die Chinesen sehen die Sache dagegen deutlich komplexer. Auch sie sind überzeugt, dass die einzelnen Tierkreiszeichen mit anderen mehr oder weniger große Schwierigkeiten haben. Da sie jedoch Teil eines zwölfteiligen Zyklus sind und nicht in einer linearen Eins-zu-eins-Beziehung stehen, kann es bei ihnen durchaus vorkommen, dass der eine von seinem Partner genährt und unterstützt wird und daher völlig glücklich und zufrieden mit dieser Beziehung ist, während der andere zu kurz kommt und leidet.

Trifft beispielsweise ein Pferd auf einen Hasen, geht es ihm in dieser Beziehung extrem schlecht. Der Hase fühlt sich dagegen seinerseits mit dem Pferd recht wohl. Ob die Beziehung Bestand hat, hängt von den weiteren Rahmenbedingungen ab, man kann sie allerdings nie eindeutig positiv oder negativ bewerten, weil es auf den Standpunkt ankommt.

Ein weitgehendes „Gleichgewicht des Schreckens" oder auch eines des Glücks wie im europäischen Horoskop stellt sich bei den Chinesen nur selten ein, etwa wenn Drache und Affe aufeinanderstoßen. Noch nicht einmal, wenn sich zwei gleiche Vertreter eines Tierkreiszeichens zusammentun, muss das gut gehen. Beim Hasen oder beim Drachen geht es sehr gut, beim Hahn mündet es dagegen in der Katastrophe; wenngleich in einer für beide – falls das für irgendjemanden ein Trost sein sollte ...

Als Übersicht des grundsätzlichen Verhältnisses zueinander mag die folgende Tabelle dienen, mit der wir gute Erfahrungen gemacht haben (siehe Seite 26/27). In der linken Spalte steht der Partner, aus dessen Perspektive die Beziehung betrachtet wird, in der obersten Zeile sein Partner. Genaueres zu den Qualitäten der einzelnen Partnerschaftskombinationen aus dem Blickwinkel der Ziege, um die es ja in diesem Buch schwerpunktmäßig geht, finden Sie im Kapitel „Die Ziege und die Liebe".

Tabelle 2: Qualität von Beziehungen im chinesischen Tierkreis

	Ratte	Büffel	Tiger	Hase	Drache	Schlange
Ratte	+	+ –	–	+ –	+ +	+ –
Büffel	+ –	+	–	+	–	+ –
Tiger	–	– –	+ –	+ +	–	+ –
Hase	–	+ –	–	+ +	+ +	–
Drache	+ –	–	+ –	+	+ +	+
Schlange	+	– –	+ +	+	+ +	–
Pferd	+ –	+ –	+ +	– –	+ +	+
Ziege	– –	+ –	–	+	+	+
Affe	+ –	– –	+ +	+	+ +	+
Hahn	+ +	–	+ –	–	+	+ –
Hund	+	+ –	+	+ +	+	– –
Schwein	+	+ +	+ –	+	–	+ –

Legende: + + = sehr gut, + = gut, + – = neutral, – = eher schlecht, – – = nun ja ...

Ähnlich wie im europäischen Horoskop gibt es auch bei den Chinesen keine „guten" oder „schlechten" Tierkreiszeichen, sondern nur solche mit verschiedenen Eigenschaften, die mit unterschiedlichen Lebensaufgaben eben auch unterschiedlich gut umgehen können. In Bezug auf Partnerschaft ist es allerdings auffallend, dass die Chancen bei bestimmten Tieren deutlich besser stehen als bei anderen, dass sie ihre Partner fördern, andere hingegen für viele Partner eher eine Herausforderung darstellen. So haben Hähne auf überdurchschnittlich viele potenzielle Partner eine negative Wirkung, Drachen können sich dagegen für sehr viele Tierkreisvertreter als das große Los entpuppen.

Wohlgemerkt sprechen wir von den Chancen auf Förderung, denn wie jedes andere Horoskopsystem auch berechnet das chinesische nur die Chance auf Harmonie und Glück. Was der Einzelne dann aus seiner tatsächlich gelebten Bezie-

Pferd	Ziege	Affe	Hahn	Hund	Schwein	
–	+	+ +	–	+	+ +	Ratte
+ –	+	+ –	+	+ +	+	Büffel
+	+	+	–	+	–	Tiger
+	+ –	+	– –	+	+	Hase
+	–	+ +	+ –	–	+ –	Drache
+	– –	+	+ –	–	+ –	Schlange
+ +	+ –	+ –	+ –	+	+	Pferd
+	+ –	+	+	+ –	–	Ziege
+ –	– –	+	+ +	+ –	+ –	Affe
+	–	+ +	– –	+	– –	Hahn
+	+ –	+	+	+	+ –	Hund
+	–	+	– –	+ –	+ –	Schwein

hung macht, ob er glücklich oder unglücklich, in Harmonie oder im ewigen Streit lebt, bleibt jedem Menschen selbst überlassen.

Der Einfluss der Elemente

Auch bei der Partnerwahl nach den Prinzipien des chinesischen Horoskops steckt die Tücke im Detail. Die Chinesen geben sich bei der Bestimmung Erfolg versprechender Verbindungen nämlich nicht allein mit dem Tierkreis oder „Erdzweig" zufrieden, sondern berücksichtigen auch die Auswirkungen der zehn Himmelsstämme. Daher spielen auch die fünf Elemente sowie die Verteilung von Yin und Yang eine wichtige Rolle.

Dabei gilt generell: Yang-Energie verstärkt gewisse Eigenschaften, wirkt aber im Großen und Ganzen aufbauend und nährend, Yin-Energie schwächt dagegen vieles und führt zu Rückzug, Erschöpfung und Verbrauch. In einer Partnerschaft, so sagt man, sollten Yin und Yang gleichmäßig vertreten sein.

Die Elemente müssen dem chinesischen Verständnis zufolge in einer bestimmten Reihenfolge aufeinandertreffen, um sich

Der Kreislauf der fruchtbaren (außen) und der schwächenden (innen) Beziehungen zwischen den Elementen

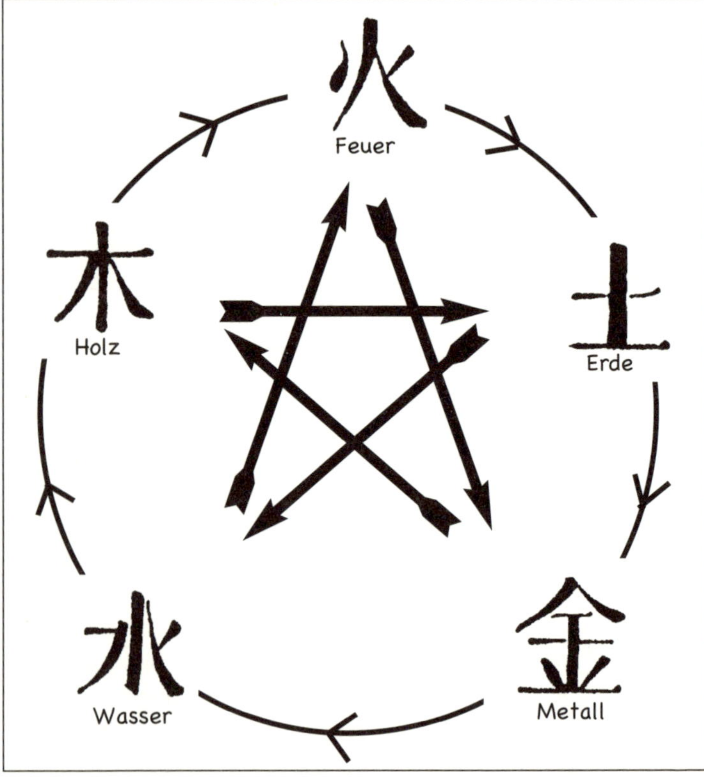

zu stärken und aufeinander aufzubauen. Wobei eine Umkehrung dieser Reihenfolge wiederum negative Auswirkungen auf die Beziehung haben kann, wodurch wiederum ein Ungleichgewicht zwischen dem Empfinden der Partner entsteht.

Die Chinesen unterscheiden vier unterschiedliche Beziehungssysteme zwischen den Elementen, die ganz leicht nachvollziehbar sind, wenn man sich die Auswirkungen der Elemente im täglichen Leben vorstellt:

• Die fruchtbare Beziehung: Holz nährt Feuer, Feuer nährt Erde, Erde nährt Metall, Metall nährt Wasser und Wasser nährt Holz.

• Die kontrollierende Beziehung: Holz kontrolliert Erde, Erde kontrolliert Wasser, Wasser kontrolliert Feuer, Feuer kontrolliert Metall und Metall kontrolliert Holz.

• Die schwächende Beziehung: Feuer verdampft Wasser, Wasser weicht Erde auf, Erde erstickt Holz, Holz macht Metall stumpf und Metall nimmt Feuer auf.

• Die erschöpfende Beziehung: Feuer verbrennt Holz, Holz saugt Wasser auf, Wasser lässt Metall verrosten, Metall raubt der Erde Mineralien und Erde erstickt Feuer.

Daraus ergibt sich die Tabelle auf Seite 30 für das Verhältnis der Elemente zueinander, in der wiederum das Element, aus dessen Sicht die Beziehung betrachtet wird, in der Spalte links außen zu finden ist.

Anders als bei den Europäern sind bei den Chinesen die Tierkreiszeichen nicht fix einem Element zugeordnet. Daher muss zur Beurteilung einer Partnerschaft auch das jeweilige Element und der Umstand berücksichtigt werden, ob es sich um ein Yin- oder ein Yang-Jahr handelt.

Nehmen wir beispielsweise die Partnerschaft zwischen einem Tiger und einem Büffel. Berücksichtigt man nur die Tiere der Erdzweige, dann ist diese Beziehung aus Sicht des Tigers eine reine Katastrophe und aus Sicht des Büffels ist es noch

Tabelle 3: Beeinflussung der Elemente untereinander

	Holz	Feuer	Erde	Metall	Wasser
Holz	+ –	– –	–	+	++
Feuer	++	+ –	– –	–	+
Erde	+	++	+ –	– –	–
Metall	–	+	++	+ –	– –
Wasser	– –	–	+	++	+ –

Legende:
+ + = sehr gut, + = gut, + – = neutral, – = eher schlecht, – – = schwierig

immer schlimm genug. Nehmen wir ferner an, dass die beiden 1961 und 1962 geboren wurden. Es handelt sich also um einen Metall-Büffel und einen Wasser-Tiger, wobei der Wasser-Tiger in dem dominanten Yang-Jahr geboren wurde, während der Büffel 1961 natürlich in einem Yin-Jahr zur Welt kam. Zunächst bedeutet dies, dass der Büffel der tendenziell der Beziehung dienende Teil dieses Paares ist, der Tiger der dominantere, fordernde, aber auch der gestaltende. Das passt ganz gut zur Gutmütigkeit des Büffels und zur Verwegenheit des Tigers, birgt aber auch Gefahren.

Nun wird Wasser in idealer Weise von Metall genährt, weshalb die Beziehungsbilanz für den Tiger gar nicht so schlecht ausfällt, wie beim Blick auf Tabelle 2 ursprünglich angenommen. Für den Büffel kann diese Konstellation allerdings zu einer seine letzten Kräfte raubenden Angelegenheit werden, in der er am Ende erschöpft auf der Strecke bleibt und dabei nicht so recht weiß, was mit seinen riesigen Energiereserven eigentlich passiert ist. Sie sind sozusagen im Wasser verrostet und nach und nach ist seine Struktur in sich zusammengebrochen.

Sehen wir uns ein zweites Beispiel an, nämlich das Verhältnis zwischen einem 1932 geborenen Wasser-Affen und einer 1936 geborenen Feuer-Ratte. Die Ratte, so scheint es nach einem

Blick auf Tabelle 2, hat mit dieser Beziehung das große Los gezogen, der Affe hingegen kann nur mit einer durchschnittlichen Beziehung ohne große Höhen, aber auch ohne große Tiefen rechnen. Beide Partner sind in Yang-Jahren geboren, haben also tendenziell eher das Bedürfnis zu gestalten und zu bestimmen, dienen will keiner von den beiden so recht. Das wird diese Beziehung schwierig machen. Zumal die Ratte mit ihrem Feuer dem Affen permanent das Gefühl gibt, ihn zu schwächen. Aus seiner Sicht sieht die Beziehung also tatsächlich nicht sonderlich attraktiv aus.

Aber wie geht es der Ratte? Lebt wenigstens sie im siebten Liebeshimmel? Auch nicht, denn sie wird das Gefühl haben, von ihrem Partner eingeschränkt und kontrolliert zu werden. Unter dem Strich ist es für sie in dieser Beziehung dennoch deutlich angenehmer als für ihn.

Bevor Sie sich nun hinsetzen und dieses Wirkungsgeflecht in Bezug auf sich und Ihre Liebsten ansehen, sollten Sie allerdings zunächst herausfinden, im Einflussbereich welcher chinesischer Tierkreiszeichen Sie geboren sind und welche Eigenschaften mit den Tieren der zwölf Erdzweige und den Elementen der zehn Himmelsstämme verbunden sind. All dies erfahren Sie im folgenden Kapitel.

Chinesische Kalender

Langsam nähern wir uns der Frage, welches chinesische Tierkreiszeichen wann herrscht. Um diese Frage allerdings genau beantworten zu können, müssen wir uns einer weiteren Herausforderung stellen: den chinesischen Kalendern. Wie bereits in der Einleitung erwähnt, weicht das System des chinesischen Kalenders deutlich von dem bei uns gebräuchlichen gregorianischen Kalender ab.

Um diese Komplexität zu verstehen, nähern wir uns ihr einmal über die Frage, was ein Kalender überhaupt ist.

Seit Jahrtausenden versucht die Menschheit, die Zeit auf irgendeine Art und Weise „einzufangen", das heißt, ihren Verlauf so zu strukturieren, dass bestimmte Tage wie religiöse Feste, wichtige landwirtschaftliche Stichtage oder persönliche Feiertage wie der Geburtstag in regelmäßigen Rhythmen wiederkehren, und zwar zu einem Zeitpunkt, der immer wieder vergleichbare Rahmenbedingungen bereithält.

Zu diesem Zweck hat sich die Menschheit an allgemein beobachtbaren, regelmäßig wiederkehrenden Zeichen orientiert: dem Stand der Sonne, dem Stand des Mondes und/oder den Konstellationen am Sternenhimmel. In einigen Kulturen wie bei den Germanen und den Kelten wurden auch natürliche Zustände wie der Fortschritt der Vegetation einbezogen, sodass Druiden und Schamanen die Aufgabe hatten, bestimmte Fest- und Feiertage jedes Jahr von Neuem festzulegen. Andere Kulturen beschränkten sich auf das, was sie am

Himmel beobachten konnten; einige leiteten daraus dann auch arithmetische Regeln ab, um die Zeit noch feiner strukturieren zu können.

Die Art, wie wir Europäer unsere Zeit einteilen, ist eng mit griechisch-römischen sowie jüdischen Traditionen verbunden:

- Unser derzeitiger Kalender basiert auf dem Sonnenjahr, das heißt, ein Jahr dauert so lange, wie die Erde benötigt, einmal die Sonne zu umrunden. Dieses sogenannte siderische Jahr dauert etwa 365 1/4 Tage. Unser Kalenderjahr geht allerdings nur von 365 Tagen aus, wodurch alle vier Jahre ein Schalttag eingeschoben wird. Dieses System geht bereits auf Julius Cäsar zurück, nach dem der bis ins 16. Jahrhundert gültige Kalender der julianische Kalender heißt.

  Da es im Laufe der Jahrzehnte aber trotzdem zu leichten Abweichungen kam, muss man hin und wieder einen Schalttag auslassen. Diese Verfeinerung des julianischen Kalenders wurde auf Befehl von Papst Gregor dem XIII. 1582 eingeführt und nach ihm heißt unser derzeitiges Kalendersystem gregorianischer Kalender. Unser Jahresbeginn am 1. Januar liegt rund 10 Tage nach der Wintersonnenwende und zwischen der Herbst- (23. 9.) und der Frühlingstagundnachtgleiche (21. 3.). Abweichend davon ist der astrologische Jahresbeginn bei uns am 21. 3., also zur Frühlingstagundnachtgleiche, wenn die Sonne in das Tierkreiszeichen des Widders eintritt.
- Das zweite Hauptgestirn am Himmel ist der Mond, der unserem Monat den Namen gab. Der Mond rundet sich alle 29,5 Tage, also rund zwölfmal im Jahr. Schon die Ägypter, Griechen und Römer teilten das Jahr in zwölf Monde, wobei sie im Wechsel 30- und 31-Tage-Monate und den kürzeren Februar schufen (eine künstliche Einteilung, die mit dem tatsächlichen Stand des Mondes nichts zu tun hat).

- Die Einteilung der Woche in sieben Tage und die Einteilung des Tages in 24 Stunden zu 60 Minuten und der Minute zu 60 Sekunden wiederum geht auf sumerisch-babylonische und jüdische Traditionen zurück.

Die Gliederung des Jahres

Unser gregorianischer Kalender ist seit 1929 auch in der Volksrepublik China und in Taiwan der offiziell gültige Kalender, was nicht zuletzt auf die Notwendigkeiten des modernen Wirtschaftslebens zurückzuführen ist. Man nennt ihn den westlichen oder auch den bürgerlichen Kalender (gongli).

Um das Jahr zu strukturieren, Festtage festzulegen, Termine für die Landwirtschaft zu definieren, aber auch, um Horoskope zu berechnen, verwenden die Chinesen jedoch den traditionellen chinesischen Bauernkalender. Dabei handelt es sich um einen Sonnenkalender – alles andere wäre für die Landwirtschaft ja unsinnig. Seit 1645 – in diesem Jahr führte der Jesuitenpater Adam Schall, der ein guter Astronom war, am chinesischen Hof lebte und zahlreiche Ehrenämter innehatte, die Berechnung von Sonnen- und Mondbewegungen mit Sinuskurven ein und reformierte auf diese Weise den chinesischen Kalender, was vor allem Auswirkungen auf die Verteilung der Schaltmonate hatte.

Dieser traditionelle chinesische Bauernkalender untergliedert das Jahr in 24 markante Daten, an denen die Sonne auf ihrem gedachten kreisförmigen Weg um die Erde jeweils 15 Grad zurückgelegt hat (also ein Vierundzwanzigstel von 360 Grad, der Winkelsumme im Kreis, wie wir aus der Schule noch wissen). Die Bezeichnung dieser 24 Zeitabschnitte (chinesisch jieqi, wörtlich: Wetterknoten) spiegelt ihre Bedeutung für die Landwirtschaft wieder, wie ihre sprechenden Bezeichnungen in der Tabelle 4 anschaulich zeigen.

Sie werden unterschieden in Hauptperioden (zongqi) und Nebenperioden, jede Nebenperiode markiert den Beginn eines neuen Monats im Zeichen eines Tiers des chinesischen Tierkreises.

Die genauen Termine dieser Phasen müssen am konkreten Stand der Sonne abgelesen werden und können sich um einen Tag verschieben. In der folgenden Liste finden Sie den jeweils frühesten möglichen Zeitpunkt für den Beginn einer Phase. In manchen Jahren liegen einzelne Sonnenperioden um einen Tag später, als in unserer Tabelle angegeben. Genaueres finden Sie auf der Website des Hong Kong Observatory (siehe Seite 140).

Tabelle 4: Hauptperioden und Monatseinteilung im chinesischen Bauernkalender, einem Sonnenkalender

Jieqi (Sonnenperioden)	Frühester Termin	Erdzweig/Tier
1. Hauptperiode: Wintersonnenwende	22. 12.	(noch) Ratte
Kleine Kälte	06. 01.	Beginn des Monats des Büffels
2. Hauptperiode: Große Kälte	20. 01.	
Frühlingsanfang	04. 02.	Beginn des Monats des Tigers
3. Hauptperiode: Frühlingsregen	19. 02.	
Erwachen der Insekten	06. 03.	Beginn des Monats des Hasen
4. Hauptperiode: Frühlingstagundnachtgleiche	21. 03.	
Helles und klares Wetter	05. 04.	Beginn des Monats des Drachen

5. Hauptperiode: Getreideregen	20. 04.	
Sommerbeginn	06. 05.	Beginn des Monats der Schlange
6. Hauptperiode: Kleine Fülle	21. 05.	
Körneransatz am Getreide	06. 06.	Beginn des Monats des Pferdes
7. Hauptperiode: Sommersonnenwende	22. 06.	
Kleine Hitze	07. 07.	Beginn des Monats der Ziege
8. Hauptperiode: Große Hitze.	23. 07.	
Herbstbeginn	08. 08.	Beginn des Monats des Affen
9. Hauptperiode: Die Hitze endet	23. 08.	
Weißer Tau	08. 09.	Beginn des Monats des Hahns
10. Hauptperiode: Herbst-tagundnachtgleiche	23. 09.	
Kalter Tau	08. 10.	Beginn des Monats des Hundes
11. Hauptperiode: Frost	24. 10.	
Winterbeginn	08. 11.	Beginn des Monats des Schweins
12. Hauptperiode: Leichter Schnee	22. 11.	
Schwerer Schnee	07. 12.	Beginn des Monats der Ratte

Das chinesische Neujahrsfest

Und das chinesische Neujahrsfest? Es findet keineswegs jedes Jahr am 4. Februar statt, wie wir aus den Medien erfahren.

Bei seiner Festlegung kommt der Mond ins Spiel. Es wird nach einem dritten Kalender berechnet, dem traditionellen oder alten chinesischen Kalender (nongli). Es handelt sich um einen Lunisolar-Kalender (yinyangli), also einen, der sowohl den Stand der Sonne (yang) als auch den des Mondes (yin) berücksichtigt. Er ist deswegen so kompliziert, weil auch er nicht auf Mittelwerten beruht, sondern auf exakten astronomischen Berechnungen der Stellungen von Sonne und Mond.

Ein Mondmonat reicht von Neumond bis Neumond und dauert 29 Tage, zwölf Stunden, 44 Minuten und drei Sekunden. Neben den 12 Haupt-Sonnenphasen teilen die Mondmonate den chinesischen Kalender in 12 bzw. 13 Monate. Diese Monate werden von eins bis zwölf durchnummeriert. Der elfte Monat ist jener, in dem die Sonne durch die Wintersonnenwende wandert.

Da Monate 29 oder 30 Tage dauern, ergibt sich zum tropischen Sonnenjahr eine Differenz von mehr als zehn Tagen. Daher wurde im fünften Jahrhundert vor Christi Geburt ein System von Schaltmonaten entwickelt: Auf jeweils 19 Jahre werden seither sieben Schaltmonate eingefügt. Ein Schaltmonat ist dabei der erste Monat nach der Wintersonnenwende, in dem die Sonne innerhalb einer Hauptperiode (zongqi) bleibt. Der Schaltmonat erhält die gleiche Nummer wie der Monat zuvor.

Der chinesische Neujahrstermin nun wird nach dem Mond berechnet und nicht nach dem Ablauf eines Sonnenjahres. Das Neujahrsfest fällt in den allermeisten Jahren auf den zweiten Neumond nach der Wintersonnenwende, also auf den Zeitraum zwischen dem 21. Januar und dem 19. Februar. Zu diesem Zeitpunkt wird auch der Wechsel des „tierischen" Jahresregenten gefeiert.

Astrologischer Jahresbeginn

Innerhalb der chinesischen Astrologie werden die Systeme durchaus gemischt. Ihr persönlicher Jahresregent wird in vielen Horoskopen nach dem chinesischen Neujahrstermin im Lunisolarkalender angegeben, in anderen dagegen wie auch die Monatsregenten nach den jieqi des chinesischen Bauernkalenders.

Wenn Sie zwischen dem 21. Januar und dem 19. Februar geboren sind, könnten Sie Ihren Jahresregenten nach dem chinesischen Neujahrstermin oder nach dem Frühlingsanfang

Tabelle 5: Jahresbeginn nach dem traditionellen Lunisolarkalender und nach dem chinesischen Bauernkalender.

Element	Yin/Yang	Tierzeichen	Jahresbezeichnung
Metall	Yin	Büffel	Jahr des Metall-Büffels
Wasser	Yang	Tiger	Jahr des Wasser-Tigers
Wasser	Yin	Hase	Jahr des Wasser-Hasen
Holz	Yang	Drache	Jahr des Holz-Drachen
Holz	Yin	Schlange	Jahr der Holz-Schlange
Feuer	Yang	Pferd	Jahr des Feuer-Pferdes
Feuer	Yin	Ziege	Jahr der Feuer-Ziege
Erde	Yang	Affe	Jahr des Erd-Affen
Erde	Yin	Hahn	Jahr des Erd-Hahns
Metall	Yang	Hund	Jahr des Metall-Hunds
Metall	Yin	Schwein	Jahr des Metall-Schweins
Wasser	Yang	Ratte	Jahr der Wasser-Ratte
Wasser	Yin	Büffel	Jahr des Wasser-Büffels
Holz	Yang	Tiger	Jahr des Holz-Tigers
Holz	Yin	Hase	Jahr des Holz-Hasen
Feuer	Yang	Drache	Jahr des Feuer-Drachen
Feuer	Yin	Schlange	Jahr der Feuer-Schlange
Erde	Yang	Pferd	Jahr des Erd-Pferdes
Erde	Yin	Ziege	Jahr der Erd-Ziege
Metall	Yang	Affe	Jahr des Metall-Affen
Metall	Yin	Hahn	Jahr des Metall-Hahns

im chinesischen Bauernkalender wählen. Für welches System Sie sich entscheiden, bleibt im Grunde Ihnen überlassen. Für alle Menschen, die vom 20. Februar bis zum 20. Januar des folgenden Jahres geboren sind, stellt sich diese Frage dagegen nicht.

Wenn in diesem Buch zur Veranschaulichung der Angabe „Jahr des Metall-Hunds" die Angabe „Jahrgang 1910" steht, bezieht sich das auf alle Menschen, die zwischen dem chinesischen Jahresbeginn des Jahres 1910 und jenem des Jahres 1911, also zwischen dem 10. 2. 1910 und dem 18. 2. 1911 geboren wurden.

Chinesisch	Neujahr	Frühlingsbeginn
Xin-Chou	19. 02. 1901	04. 02. 1901
Ren-yin	08. 02. 1902	05. 02. 1902
Gui-mao	29. 01. 1903	05. 02. 1903
Jia-chen	16. 02. 1904	05. 02. 1904
Yi-si	04. 02. 1905	04. 02. 1905
Bing-wu	25. 01. 1906	05. 02. 1906
Ding-wei	13. 02. 1907	05. 02. 1907
Wu-shen	02. 02. 1908	05. 02. 1908
Ji-you	22. 01. 1909	04. 02. 1909
Geng-xu	10. 02. 1910	05. 02. 1910
Xin-hai	30. 01. 1911	05. 02. 1911
Ren-zi	18. 02. 1912	05. 02. 1912
Gui-chou	06. 02. 1913	04. 02. 1913
Jia-yin	26. 01. 1914	04. 02. 1914
Yi-mao	14. 02. 1915	05. 02. 1915
Bing-chen	03. 02. 1916	05. 02. 1916
Ding-si	23. 01. 1917	04. 02. 1917
Wu-wu	11. 02. 1918	04. 02. 1918
Ji-wei	01. 02. 1919	05. 02. 1919
Geng-shen	20. 02. 1920	05. 02. 1920
Xin-you	08. 02. 1921	04. 02. 1921

Wasser	Yang	Hund	Jahr des Wasser-Hundes
Wasser	Yin	Schwein	Jahr des Wasser-Schweins
Holz	Yang	Ratte	Jahr der Holz-Ratte
Holz	Yin	Büffel	Jahr des Holz-Büffels
Feuer	Yang	Tiger	Jahr des Feuer-Tigers
Feuer	Yin	Hase	Jahr des Feuer-Hasen
Erde	Yang	Drache	Jahr des Erd-Drachen
Erde	Yin	Schlange	Jahr der Erd-Schlange
Metall	Yang	Pferd	Jahr des Metall-Pferds
Metall	Yin	Ziege	Jahr der Metall-Ziege
Wasser	Yang	Affe	Jahr des Wasser-Affen
Wasser	Yin	Hahn	Jahr des Wasser-Hahns
Holz	Yang	Hund	Jahr des Holz-Hunds
Holz	Yin	Schwein	Jahr des Holz-Schweins
Feuer	Yang	Ratte	Jahr der Feuer-Ratte
Feuer	Yin	Büffel	Jahr des Feuer-Büffels
Erde	Yang	Tiger	Jahr des Erd-Tigers
Erde	Yin	Hase	Jahr des Erd-Hasen
Metall	Yang	Drache	Jahr des Metall-Drachen
Metall	Yin	Schlange	Jahr der Metall-Schlange
Wasser	Yang	Pferd	Jahr des Wasser-Pferds
Wasser	Yin	Ziege	Jahr der Wasser-Ziege
Holz	Yang	Affe	Jahr des Holz-Affen
Holz	Yin	Hahn	Jahr des Holz-Hahns
Feuer	Yang	Hund	Jahr des Feuer-Hunds
Feuer	Yin	Schwein	Jahr des Feuer-Schweins
Erde	Yang	Ratte	Jahr der Erd-Ratte
Erde	Yin	Büffel	Jahr des Erd-Büffels
Metall	Yang	Tiger	Jahr des Metall-Tigers
Metall	Yin	Hase	Jahr des Metall-Hasen
Wasser	Yang	Drache	Jahr des Wasser-Drachen
Wasser	Yin	Schlange	Jahr der Wasser-Schlange
Holz	Yang	Pferd	Jahr des Holz-Pferds
Holz	Yin	Ziege	Jahr der Holz-Ziege
Feuer	Yang	Affe	Jahr des Feuer-Affen
Feuer	Yin	Hahn	Jahr des Feuer-Hahns
Erde	Yang	Hund	Jahr des Erd-Hunds
Erde	Yin	Schwein	Jahr des Erd-Schweins
Metall	Yang	Ratte	Jahr der Metall-Ratte

Ren-xu	28. 01. 1922	04. 02. 1922
Gui-hai	16. 02. 1923	05. 02. 1923
Jia-zi	05. 02. 1924	05. 02. 1924
Yi-chou	25. 01. 1925	04. 02. 1925
Bing-yin	13. 02. 1926	04. 02. 1926
Ding-mao	02. 02. 1927	05. 02. 1927
Wu-chen	23. 01. 1928	05. 02. 1928
Ji-si	10. 02. 1929	04. 02. 1929
Geng-wu	30. 01. 1930	04. 02. 1930
Xin-wei	17. 02. 1931	05. 02. 1931
Ren-shen	06. 02. 1932	05. 02. 1932
Gui-you	26. 01. 1933	04. 02. 1933
Jia-xu	14. 02. 1934	04. 02. 1934
Yi-hai	04. 02. 1935	05. 02. 1935
Bing-zi	24. 01. 1936	05. 02. 1936
Ding-chou	11. 02. 1937	04. 02. 1937
Wu-yin	31. 01. 1938	04. 02. 1938
Ji-mao	19. 02. 1939	05. 02. 1939
Geng-chen	07. 02. 1940	05. 02. 1940
Xin-si	27. 01. 1941	04. 02. 1941
Ren-wu	15. 02. 1942	04. 02. 1942
Gui-wei	05. 02. 1943	05. 02. 1943
Jia-shen	25. 01. 1944	05. 02. 1944
Yi-you	13. 02. 1945	04. 02. 1945
Bing-xu	02. 02. 1946	04. 02. 1946
Ding-hai	22. 01. 1947	04. 02. 1947
Wu-zi	10. 02. 1948	05. 02. 1948
Ji-chou	29. 01. 1949	04. 02. 1949
Geng-yin	17. 02. 1950	04. 02. 1950
Xin-mao	06. 02. 1951	04. 02. 1951
Ren-chen	27. 01. 1952	05. 02. 1952
Gui-si	14. 02. 1953	02. 02. 1953
Jia-wu	03. 02. 1954	04. 02. 1954
Yi-wei	24. 01. 1955	04. 02. 1955
Bing-shen	12. 02. 1956	05. 02. 1956
Ding-you	31. 01. 1957	04. 02. 1957
Wu-xu	18. 02. 1958	04. 02. 1958
Ji-hai	08. 02. 1959	04. 02. 1959
Geng-zi	28. 01. 1960	05. 02. 1960

Metall	Yin	Büffel	Jahr des Metall-Büffels
Wasser	Yang	Tiger	Jahr des Wasser-Tigers
Wasser	Yin	Hase	Jahr des Wasser-Hasen
Holz	Yang	Drache	Jahr des Holz-Drachen
Holz	Yin	Schlange	Jahr der Holz-Schlange
Feuer	Yang	Pferd	Jahr des Feuer-Pferdes
Feuer	Yin	Ziege	Jahr der Feuer-Ziege
Erde	Yang	Affe	Jahr des Erd-Affen
Erde	Yin	Hahn	Jahr des Erd-Hahns
Metall	Yang	Hund	Jahr des Metall-Hunds
Metall	Yin	Schwein	Jahr des Metall-Schweins
Wasser	Yang	Ratte	Jahr der Wasser-Ratte
Wasser	Yin	Büffel	Jahr des Wasser-Büffels
Holz	Yang	Tiger	Jahr des Holz-Tigers
Holz	Yin	Hase	Jahr des Holz-Hasen
Feuer	Yang	Drache	Jahr des Feuer-Drachen
Feuer	Yin	Schlange	Jahr der Feuer-Schlange
Erde	Yang	Pferd	Jahr des Erd-Pferds
Erde	Yin	Ziege	Jahr der Erd-Ziege
Metall	Yang	Affe	Jahr des Metall-Affen
Metall	Yin	Hahn	Jahr des Metall-Hahns
Wasser	Yang	Hund	Jahr des Wasser-Hunds
Wasser	Yin	Schwein	Jahr des Wasser-Schweins
Holz	Yang	Ratte	Jahr der Holz-Ratte
Holz	Yin	Büffel	Jahr des Holz-Büffels
Feuer	Yang	Tiger	Jahr des Feuer-Tigers
Feuer	Yin	Hase	Jahr des Feuer-Hasen
Erde	Yang	Drache	Jahr des Erd-Drachen
Erde	Yin	Schlange	Jahr der Erd-Schlange
Metall	Yang	Pferd	Jahr des Metall-Pferdes
Metall	Yin	Ziege	Jahr der Metall-Ziege
Wasser	Yang	Affe	Jahr des Wasser-Affen
Wasser	Yin	Hahn	Jahr des Wasser-Hahns
Holz	Yang	Hund	Jahr des Holz-Hunds
Holz	Yin	Schwein	Jahr des Holz-Schweins
Feuer	Yang	Ratte	Jahr der Feuer-Ratte
Feuer	Yin	Büffel	Jahr des Feuer-Büffels
Erde	Yang	Tiger	Jahr des Erd-Tigers
Erde	Yin	Hase	Jahr des Erd-Hasen

Xin-chou	15. 02. 1961	04. 02. 1961
Ren-yin	05. 02. 1962	04. 02. 1962
Gui-mao	25. 01. 1963	04. 02. 1963
Jia-chen	13. 02. 1964	05. 02. 1964
Yi-si	02. 02. 1965	04. 02. 1965
Bing-wu	21. 01. 1966	04. 02. 1966
Ding-wei	09. 02. 1967	04. 02. 1967
Wu-shen	30. 01. 1968	05. 02. 1968
Ji-you	17. 02. 1969	04. 02. 1969
Geng-xu	06. 02. 1970	04. 02. 1970
Xin-hai	27. 01. 1971	04. 02. 1971
Ren-zi	16. 02. 1972	05. 02. 1972
Gui-chou	03. 02. 1973	04. 02. 1973
Jia-yin	23. 01. 1974	04. 02. 1974
Yi-mao	11. 02. 1975	04. 02. 1975
Bing-chen	31. 01. 1976	05. 02. 1976
Ding-si	18. 02. 1977	04. 02. 1977
Wu-wu	07. 02. 1978	04. 02. 1978
Ji-wei	28. 01. 1979	04. 02. 1979
Geng-shen	16. 02. 1980	05. 02. 1980
Xin-you	05. 02. 1981	04. 02. 1981
Ren-xu	25. 01. 1982	04. 02. 1982
Gui-hai	13. 02. 1983	04. 02. 1983
Jia-zi	02. 02. 1984	04. 02. 1984
Yi-chou	20. 02. 1985	04. 02. 1985
Bing-yin	09. 02. 1986	04. 02. 1986
Ding-mao	29. 01. 1987	04. 02. 1987
Wu-chen	17. 02. 1988	04. 02. 1988
Ji-si	06. 02. 1989	04. 02. 1989
Geng-wu	27. 01. 1990	04. 02. 1990
Xin-wei	16. 02. 1991	04. 02. 1991
Ren-shen	04. 02. 1992	04. 02. 1992
Gui-you	23. 01. 1993	04. 02. 1993
Jia-xu	10. 02. 1994	04. 02. 1994
Yi-hai	31. 01. 1995	04. 02. 1995
Bing-zi	19. 02. 1996	04. 02. 1996
Ding-chou	07. 02. 1997	04. 02. 1997
Wu-yin	28. 01. 1998	04. 02. 1998
Ji-mao	16. 02. 1999	04. 02. 1999

Metall	Yang	Drache	Jahr des Metall-Drachen
Metall	Yin	Schlange	Jahr der Metall-Schlange
Wasser	Yang	Pferd	Jahr des Wasser-Pferds
Wasser	Yin	Ziege	Jahr der Wasser-Ziege
Holz	Yang	Affe	Jahr des Holz-Affen
Holz	Yin	Hahn	Jahr des Holz-Hahns
Feuer	Yang	Hund	Jahr des Feuer-Hunds
Feuer	Yin	Schwein	Jahr des Feuer-Schweins
Erde	Yang	Ratte	Jahr der Erd-Ratte
Erde	Yin	Büffel	Jahr des Erd-Büffels
Metall	Yang	Tiger	Jahr des Metall-Tigers

Quelle für alle Daten: Hong Kong Observatory

Die Jahresregenten

Der Jahresregent bestimmt in der chinesischen Astrologie die grundsätzlichen Qualitäten eines Jahres. Ein Jahr der Ratte stellt alle Menschen vor gewisse Herausforderungen und Probleme, etwa die Gefahr von Überforderung und Burn-out. Es beinhaltet aber auch ähnliche Chancen, etwa, dass Karrieren gelingen, große Pläne erfolgreich umgesetzt und Hindernisse aus dem Weg geräumt werden können.

Im chinesischen Horoskop spielt der Jahresregent eine zentrale Rolle. Er gibt so etwas wie eine grobe Leitlinie im Leben vor, die festlegt, mit welchen Charaktereigenschaften ein Mensch ausgestattet ist, was ihm besonders leicht gelingt und womit er seine Probleme hat. Außerdem bestimmt er über Harmonien und Disharmonien mit anderen Jahresregenten, gibt also Hinweise darauf, mit welchen Menschen aus anderen Geburtsjahrgängen bestimmte Chancen existieren bzw. bestimmte Herausforderungen zu bewältigen sind.

Modifiziert wird das herrschende Tierkreiszeichen (Erdzweig) einerseits durch den Wechsel der Himmelsstämme, also dem

Geng-chen	05. 02. 2000	04. 02. 2000
Xin-si	24. 01. 2001	04. 02. 2001
Ren-wu	12. 02. 2002	04. 02. 2002
Gui-wei	01. 02. 2003	04. 02. 2003
Jia-shen	22. 01. 2004	04. 02. 2004
Yi-you	09. 02. 2005	04. 02. 2005
Bing-xu	29. 01. 2006	04. 02. 2006
Ding-hai	18. 02. 2007	04. 02. 2007
Wu-zi	07. 02. 2008	04. 02. 2008
Ji-chou	26. 01. 2009	04. 02. 2009
Geng-yin	14. 02. 2010	04. 02. 2010

Rhythmus der fünf Elemente, andererseits durch die Regenten des Geburtsmonats und der Geburtsstunde. Dies ist einer der wesentlichen Unterschiede zwischen der chinesischen und der europäischen Astrologie: In der europäischen Astrologie erfolgt die primäre Unterscheidung der Charaktere auf der Basis der monatlich wechselnden Tierkreiszeichen, und erst auf einer differenzierteren Betrachtungsebene werden die Veränderungen im Jahresrhythmus infolge der Stellungen langsam kreisender Planeten herangezogen; im Chinesischen gilt das Besondere des Jahres als primäres Einordnungskriterium, die Veränderungen im Laufe der Monate und Stunden dagegen wirken sich darauf modifizierend aus.

In diesem Buch werden wir deshalb auch nur knapp auf diese Modifikationen durch Monat und Stunde eingehen und uns im Wesentlichen auf die Beschreibung der Jahresregenten beschränken. Treffende Detailanalysen sprengen nämlich den Rahmen dieses Buches und sollten von echten Spezialisten vorgenommen werden, da die Einflussfaktoren so vielschichtig ineinander verwoben sind, dass sie kaum in allgemeingültige Formen gefasst werden können. Mit der Erstellung eines detaillierten Lebenshoroskops, das all diese Dinge berücksichtigt, sind auch heute, im Zeitalter der Computerprogramme, chinesische Astrologen noch viele Tage lang beschäftigt.

Wenden wir uns nun einem Überblick der verschiedenen Jahresqualitäten zu, streifen dabei aber die Auswirkung der Himmelsstämme (Elemente und Yin/Yang-Rhythmus) nur am Rande:

Die Ratte als Jahresherrscher

Das Wesen des Ratte-Jahres liegt in der Kraft und dem Fortschritt der Erkenntnis. Das klingt anstrengend, ist es aber im Grunde nicht. Denn gleichzeitig steht das Jahr der Ratte unter dem Motto „Es darf auch leicht gehen". Denn in Ratte-Jahren will so einiges gelingen, was in anderen Jahren außerhalb unserer Reichweite lag.

Die Zielstrebigkeit, die die meisten Menschen in solchen Jahren entwickeln, wird allerdings weniger aus harter, konsequenter Arbeit geboren als durch Einfallsreichtum und ein gewisses Maß an List. Es ist ein Jahr für Lebenskünstler, die vom Leben vor allem eines für sich fordern: das Beste.

Geht es um wichtige Dinge, scheinen in Ratte-Jahren die Grenzen abgeschafft zu sein. Alle verfügbare Energie kommt ins Spiel, wenn nötig, auch Aggressivität und Rücksichtslosigkeit. Das ist vor allem dann der Fall, wenn auch das Element Feuer mitmischt. Außerdem treten Oberflächlichkeit und Maßlosigkeit auf, ein Eindruck, der allerdings mehr durch die Lebensfreude und den großen Energieeinsatz im Ratte-Jahr entsteht als durch echtes Desinteresse.

Für großartige Bedenken, Skrupel oder detaillierte Planungen ist in Ratte-Jahren einfach keine Zeit. Wer in einem Ratte-Jahr eine Chance verpasst, muss ihr nicht lange nachtrauern, sondern sollte auf die nächste Gelegenheit vertrauen. Es kommt immer etwas Besseres nach.

Ratte-Jahre sind nicht unbedingt die besten Jahre für Eheschließungen, allerdings sind sie auch nicht völlig ungeeignet dafür, sind Ratten doch durchaus sozial orientierte Wesen. Die Familie stellt für sie einen Wert dar, wenngleich sie ihn nicht unbedingt aktiv anstreben.

Wer in einem Ratte-Jahr geboren ist, für den gibt es keine Grenzen – auch keine persönlichen. Er lebt sein Leben ohne Kompromisse und verfolgt seine Ziele mit einer gehörigen Portion Angriffslust.

Der Büffel als Jahresherrscher

Die Ruhe und Beständigkeit des Büffels ist sprichwörtlich. Hat er die Dinge einmal für richtig erkannt, verfolgt er sie mit seiner ruhigen, konsequenten Art und lässt sich durch nichts und niemanden davon abbringen. Diese Qualitäten begegnen einem auch in den Jahren, die von diesem Vertreter des Tierkreises regiert werden.

In Büffel-Jahren steht den Menschen viel beständige Energie zur Verfügung, die sie dazu verwenden können, um mit vielen kleinen Schritten ihre Ziele zu erreichen. Große Sprünge oder kreative Abkürzungen sind in diesen Jahren dagegen nicht angesagt.

Büffel-Jahre sind gute Jahre, um auf der Karriereleiter die eine oder andere Sprosse hinaufzuklettern. Sie eignen sich außerdem hervorragend dazu, solide Beziehungen zu knüpfen oder die Basis für wirtschaftliche und soziale Sicherheit zu legen.

Man muss in Büffel-Jahren allerdings aufpassen, dass das Streben nach Sicherheit nicht zu sturem Beharren entartet, vor allem, wenn auch noch das Element Metall ins Spiel kommt. Manchmal besteht aber auch die Gefahr, dass die sanfte Ruhe und Beständigkeit in Trägheit umschlägt und den Eindruck des Egoismus entstehen lässt.

Im Jahr des Büffels Geborene sind ruhige, geduldige und zuverlässige Zeitgenossen. Ihre Sanftmut und Geduld ist sprichwörtlich und, sofern sie nicht in Trägheit verfallen, auch ihre größte Stärke. Aus dem Gleichgewicht geraten Büffel nur, wenn man ihre subjektive Sicherheit bedroht. Dann werden sie zur Furie. Ein rotes Tuch zeigt man dem Büffel besser nicht.

Der Tiger als Jahresherrscher

In Tiger-Jahren geht es in aller Regel ziemlich turbulent zu, was sowohl aus sexueller wie auch aus spiritueller Energie gespeist wird. Es sind Jahre des missionarischen Eifers, in dem sich viele Menschen auf eine spannende Reise der eigenen Entwicklung begeben.

Bei den Chinesen sind diese Jahre sehr beliebt, gelten sie doch gemeinsam mit Drachen-Jahren als Glücksjahre. Allerdings fußt dieses Glück anders als beim Drachen nicht auf den fünf klassischen chinesischen Tugenden der Harmonie, der Rechtschaffenheit, der Vorbildfunktion, wirtschaftlichen Gesundheit und Langlebigkeit.

Der Tiger bringt persönliche Reife, die allerdings mit viel

Aufregung und Wirbel verbunden ist, bis man sie tatsächlich errungen hat.

Bequem sind diese Jahre trotz ihres Glückspotenzials nicht. Die Jahre des Tigers können dazu beitragen, die Welt ein Stückchen besser zu machen, vor allem, weil auch Feinfühligkeit und Warmherzigkeit im Spiel sind. Allerdings kann es auch vorkommen, dass sich die vorher nach außen gerichteten Energien nach innen kehren und bislang für das Gemeinwohl engagierte Menschen sich enttäuscht zurückziehen. In solchen Jahren finden auch Scharlatane über Gebühr Gehör.

Und obwohl Sexualität und Erotik in Tiger-Jahren sehr präsent sind, so sollte man sich dennoch zweimal überlegen, ob man in einem Tiger-Jahr eine Ehe schließt. Denn die sexuelle Kraft des Tigers hat mehr mit der eigenen Entwicklung zu tun als mit der Begründung einer soliden häuslichen Beziehung.

Tiger-Geborene sind missionarische Eiferer, deren Lebensfreude in aller Regel unwiderstehlich anziehend wirkt. Der Tiger lebt seinen Traum von einer besseren Welt, in der alle Menschen Brüder werden.

Hin und wider wacht er allerdings aus diesem Traum auf, zieht sich frustriert zurück und hadert mit Gott und der Welt. Allerdings nicht allzu lange, denn dort hat er nicht das Publikum, das er im Grunde braucht, um sich wohlzufühlen. Dann taucht er aus seinem Schmollwinkel auf. Bis zum nächsten Erwachen …

Der Hase als Jahresherrscher

In Hase-Jahren dominieren Harmonie und Schönheit. Nicht von ungefähr war deshalb auch Cocooning – der Rückzug in die eigenen, gemütlich eingerichteten vier Wände – das Modewort des Jahres 1999. In vom Hasen regierten Jahren treten Karrierestreben oder Vergnügen im öffentlichen Raum in den Hintergrund. Die Menschen scheinen ausgezeichnete Antennen für ihre Umgebung zu entwickeln und zeigen besondere Hilfsbereitschaft.

In Hase-Jahren besteht die Chance, für lange schwelende Konflikte Lösungen zu finden und alte Feindschaften zu begraben. Die Tendenz zu überraschenden diplomatischen Lösungen wird noch weiter verstärkt, wenn außerdem das Element Luft ins Spiel kommt. Wer in einem Hase-Jahr mit dem Element Erde heiratet, hat große Chancen auf ein gemütliches, hübsch eingerichtetes Heim und ein harmonisches Familienleben.

Unter bestimmten Bedingungen kann die Hilfsbereitschaft des Hasen allerdings auch ihre schwierigen Seiten offenbaren. Dann besteht nämlich die Gefahr, dass aus Mitgefühl Mitleid wird. So wird die Hilfsbereitschaft zur Last für den Mitleidenden, ohne dass dem anderen wirklich geholfen wäre.

Außerdem sollte man sich in Hase-Jahren davor hüten, zu viel Druck auf andere Menschen auszuüben. Das vertragen sie nämlich in aller Regel nicht besonders gut und entziehen sich dem mit unnachvollziehbaren Kapriolen. Der Hase schlägt seine Haken und verschwindet verschreckt.

Im Jahr des Hasen Geborene haben in aller Regel eine sehr positive Lebenseinstellung und nehmen auch von ihren Mitmenschen zunächst einmal nur das Beste an. Sie sind geborene Diplomaten, die dank ihrer sozialen Intelligenz tragfähige, von allen zufrieden akzeptierte Kompromisse zu schaffen verstehen.

Hasen laden dazu ein, sie zu unterschätzen, doch das könnte ein Fehler sein. Ohne sie wäre das Leben härter.

Der Drache als Jahresherrscher

Der Drache gilt als Glücksbringer im chinesischen Tierkreis, er symbolisiert gleichermaßen Macht, Glück und geistige Wendigkeit. Im Drachen vereinigen sich die fünf wichtigsten traditionellen chinesischen Tugenden, nämlich Harmonie, Rechtschaffenheit, Vorbildfunktion, wirtschaftliche Gesundheit und Langlebigkeit.

Kein Wunder, dass Drache-Jahre in China besonders beliebt sind, hofft doch jeder, nun endlich auch einmal eine Portion Glück vom Leben abzubekommen.

Drache-Jahre lassen sich gut dazu nutzen, sich selbst einmal richtig in Szene zu setzen, etwa im Beruf oder auch im Freundes- und Bekanntenkreis. Die Energie des Jahres hilft ausgezeichnet dabei, sich selbst und andere zu Höchstleistungen zu motivieren. Oder man begnügt sich damit, sich und seine Umgebung zu unterhalten, was zweifellos auch seinen Reiz hat.

In China stehen die Drache-Jahre aber vor allem unter dem Zeichen des persönlichen Reichtums, der Macht und der Gesundheit. In Drache-Jahren sind die Chinesen überzeugt, dass ihnen alles gelingt, was sie reicher, mächtiger und gesünder macht. Deshalb vom Egoismus des Drachen zu sprechen, wäre allerdings verfehlt, werden diese positiven Gaben des Schicksals doch auch großzügig mit anderen geteilt.

Unter Umständen kann es aber auch unter der Regentschaft des Drachen zu Rückzugstendenzen kommen. Drachen haben eben auch das Bedürfnis, sich ab und zu in ihre Höhle zurückzuziehen. Dann treten der erwähnte Egoismus und Arroganz in Erscheinung.

Der im Jahr des Drachen Geborene gilt in China als absoluter Glückspilz, dem man einen Hang zu Macht und Geld – und damit zu Geltung – nachsagt. Im Grunde seines Herzens ist er überzeugt, anders zu sein als die anderen Menschen. Daher wechselt sich bei ihm auch das Bedürfnis, im Mittelpunkt zu stehen, häufig ab mit dem Verlangen nach Rückzug. Im chinesischen Kulturkreis sieht man ihm das eher nach als bei uns.

Die Schlange als Jahresherrscher

In unserer Kultur ist die Schlange der Inbegriff der List, die den Menschen mit dem Sündenfall aus dem Paradies vertrieb und ins Unglück stürzte. In vielen anderen Kulturen steht sie dagegen durch ihre zahllosen Häutungen und ihre schwere Greifbarkeit für mystische Wandlung und Spiritualität. Auch die Chinesen nähern sich eher auf die zweite Art und Weise diesem Wesen an.

Die Schlange gilt als allumfassender Hinterfrager, der Unbegreifliches begreifen will und dabei auch Tabus bricht und bislang als sicher Geltendes in Frage stellt.

Schlange-Jahre stehen im Zeichen des vollständigen Verstehens von Hintergründen und Zusammenhängen. Es sind Jahre, in denen die Menschen versuchen, ihre Projekte einmal anders als sonst üblich zu lösen. Und sie bringen tatsächlich oft überraschend kreative Lösungen zustande. Es sind Jahre, in denen Technologie in den Hintergrund tritt, in dem die Wichtigkeit von „ZDF“ („Zahlen – Daten – Fakten“) überlagert wird von der Frage nach dem Sinn.

Es war das Schlange-Jahr 2001, in dem die ersten börsennotierten Weltkonzerne begannen, die Steuerung ihrer Unternehmen ohne groß angelegte Budgetierungsprozesse auszuprobieren, und damit eine Entwicklung einleiteten, die unsere Weltwirtschaft auf noch nicht absehbare Art und Weise positiv beeinflussen könnte.

In Schlange-Jahren gelingen revolutionäre Konzepte, wobei es durch das Ende alter Glaubenssätze allerdings auch zu unangenehmen Erscheinungen kommen kann. So wie der Geburtsschmerz in höchstem Maße schmerzhaft ist, aber zu einem beglückenden Resultat führt.

Darüber hinaus sind Schlange-Jahre aber auch Jahre, in denen die Menschen empfänglich sind, Schönheit zu empfinden und aufzugreifen – auch wenn diese Empfänglichkeit speziell unter dem Einfluss von Yang in sinnlosem Anhäufen schöner, aber unnötiger Dinge enden kann.

Im Jahr der Schlange geborene Menschen wirken auf ihre Umgebung oft rätselhaft und schwer zugänglich. Im Extremfall scheint sie ein hochnäsiges Mitglied eines elitären Zirkels zu sein, dessen hohe moralische Ansprüche vor allem für die anderen gültig sind. Im Grunde ist es aber nur ihr Streben nach Tiefe und vollständigem Verstehen, was ihre Mitmenschen irritiert.

Das Pferd als Jahresherrscher

Im Jahr des Pferdes legt das Leben an Tempo zu. Und damit nicht genug. Die Dinge entwickeln sich sprunghaft, was Pferde durchaus mögen, aber nicht unbedingt nach dem Geschmack der anderen Vertreter des Tierkreises ist.

Aber sehen wir uns die Eigenarten dieses Jahres an, indem wir einen genaueren Blick auf seinen Vertreter werfen. In

Pferden paaren sich Kraft mit Nervosität und Eleganz mit Ungeduld. Banalitäten oder Altvertrautes haben in Pferd-Jahren keinen Platz. Vielmehr geht es um das Erobern neuer Horizonte und das Erschließen fetter Weiden.

Wer in einem solchen Jahr auf Beständigkeit hofft, setzt eindeutig auf das falsche Pferd. Aber auch Zielstrebigkeit und Konsequenz sind in Pferd-Jahren eher selten anzutreffen. Viel größere Aussichten auf Erfolg haben dagegen spontane Dinge, die durchaus ein wenig den Charakter von Hauruck-Aktionen annehmen können. Langweilig wird es einem in einem Pferd-Jahr jedenfalls kaum.

Daher sind Pferd-Jahre auch nicht ideal, um langfristige Bindungen zu besiegeln. Das Pferd mag Gesellschaft, es ist schließlich ein Herdentier. Es bevorzugt aber das Spiel in der Gruppe deutlich mehr als die Arbeit im Zweiergespann. Und steht der Spaß nicht mehr im Mittelpunkt, dann ist es auch schnell wieder davongaloppiert.

In Pferd-Jahren darf man der Sprungkraft und der Tapferkeit vertrauen, die ein Pferd entwickeln kann, um überraschend auftauchende Hürden zu überwinden und Gefahren abzuwehren. Gleichzeitig sollte man sich in Acht nehmen, nicht plötzlich alleine dazustehen, wenn die Aufgaben zu anstrengend und die Herausforderungen zu schwierig werden.

In einem Jahr des Pferdes Geborene haben in aller Regel das Herz am rechten Fleck und verbreiten eine positive Stimmung. Sie stehen gerne im Mittelpunkt des Interesses, scheuen aber auch nicht davor zurück, zuzupacken, wenn es notwendig erscheint. Im Grunde kann nichts und niemand ihre gute Laune erschüttern. Mit einer Ausnahme: Wehe, die Dinge beginnen sie zu langweilen. Dann machen sie sich, eh man sich's versieht, vom Acker.

Die Ziege als Jahresherrscher

Das Jahr der Ziege ist vor allem eines: ein Jahr, das von allen guten Willen verlangt. Im Grunde ist die Ziege ein friedliebender Zeitgenosse, der Konfrontationen grundsätzlich aus dem Weg geht.

Aber wehe, etwas geht nicht so, wie sie sich das vorstellt. Dann kann sie nämlich ganz schön zickig werden und mit Hörnern, Zähnen und Hufen ihren Willen durchsetzen. Das führt dann oft zu Missverständnissen, weil die Menschen nicht mehr den grundsätzlichen Wunsch nach Frieden sehen, sondern nur noch die aggressive Art der Durchsetzung.

In Ziege-Jahren tut man daher gut daran, sich bei allem, was man unternimmt, zu fragen, welche Auswirkungen dies auf das Miteinander hat. Denn in diesen Phasen legen die Menschen nicht nur großen Wert auf Frieden und Harmonie, sie sind auch bereit, darum zu kämpfen.

Vor allem Dinge, die dem sozialen Ausgleich dienen, haben daher in Jahren der Ziege große Aussichten auf Gelingen. Ansonsten sollte man sich auf Dinge verlegen, die man alleine fertigbringt, ohne dass andere einem dabei in die Quere kommen können. Ist eine Zusammenarbeit für ein Vorhaben dagegen unumgänglich, dann beschränkt man sich besser darauf, die Ideen der anderen umzusetzen, als selbst aktiv zu werden. Darin liegt deutlich weniger Konfliktpotenzial.

Großen Reichtum oder Karriereschübe bringen Ziege-Jahre in aller Regel nicht. Auch zum Heiraten gibt es mit Sicherheit bessere Jahre. Dagegen existiert eine reelle Chance, mit etwas Anpassungsbereitschaft Erfolge für sich verbuchen zu können. Gleichzeitig sollte man aber darauf achten, dass diese Anpassungsbereitschaft nicht zum Verlust des eigenen Profils führt.

Ziege-Geborene sind jedenfalls deutlich weniger ängstlich und schüchtern, als dies oft behauptet wird. Sie legen großen Wert auf gute Manieren und einen korrekten Umgang, zeigen ab und zu aber auch überraschend exzentrische Seiten. Im Grunde sind sie jedoch artige Wesen, die brav ausführen, was man von ihnen erwartet. Man tut allerdings gut daran, Hörner und Hufe einer Ziege gut zu beobachten, damit man schnell genug ausweichen kann, wenn man den Bogen überspannt hat.

Der Affe als Jahresherrscher

Nach dem doch etwas anstrengenden Jahr der Ziege tut die neue Lockerheit unter dem Jahresregenten Affen richtig gut. Das Leben zeigt sich wieder von seiner angenehmen Seite. Im Jahr des Affen geht es gesellig und fröhlich zu, da ist zumindest die Chance recht groß, dass einem so schnell nicht langweilig wird.

Affe-Jahre bergen oft ein wahres Feuerwerk an nebeneinander-, übereinander- und durcheinanderlaufenden Projekten. Mit Ideenreichtum und Flexibilität hat man da gute Karten, auf seine Kosten zu kommen. Nur allzu ernst nehmen sollte man die Dinge nicht, mit denen einen das Affe-Jahr konfrontiert. Und nicht zu sehr auf Regeln beharren. Wer die Dinge neugierig begrüßt und mit einer gewissen Sorglosigkeit behandelt, wird dagegen kaum ernste Probleme bekommen.

In beruflicher Hinsicht sind Affe-Jahre oft Zeiten, in denen man andere gut für die eigenen Ziele einspannen kann –

sofern man nicht von ihnen eingespannt wird. Wogegen grundsätzlich nichts einzuwenden ist, denn bekanntlich wäscht ja eine Hand die andere.

In Affe-Jahren sollte man allerdings nicht zu sehr auf Handschlagqualitäten vertrauen. Die haben in diesem Jahr recht wenig Gewicht. Zudem treten darüber hinaus eine gewisse Oberflächlichkeit und Selbstverliebtheit auf den Plan. Die Frage nach dem Sein hinter dem Schein kann gerade in vom Affen regierten Jahren nichts schaden.

Im Jahr des Affen Geborene sind vielseitige, neugierige und ideenreiche Menschen, denen kaum etwas so schwer fällt wie still zu sitzen. Ihr größtes Problem besteht darin, dass das Leben viel zu kurz ist, um alles ausprobieren zu können.

Ihr größter Fehler liegt in dem Umstand begründet, dass Dichtung und Wahrheit bei ihnen manchmal etwas durcheinandergehen. Das passiert oft noch nicht einmal mit böser Absicht. Schließlich wollen sie ihr Gegenüber auf keinen Fall langweilen.

Der Hahn als Jahresherrscher

Das Jahr des Hahnes ist zwar kein solches Glücksjahr wie das des Drachen, in dem wirtschaftliche Dinge einfach gelingen müssen. Doch wer seine Finanzen sanieren muss, kann dies unter der Jahresregentschaft des Hahns durchaus probieren: und zwar mit größter Sparsamkeit.

Der Hahn gilt zwar als stolz und eitel, seine Finanzen hat er aber durchaus im Griff. Das kommt von der Übersicht, die sich nicht nur im Hühnerstall, sondern auch im täglichen Leben unter seiner Herrschaft einstellt.

Darüber hinaus sind Jahre des Hahns ungemein gut geeignet für alles, was Genauigkeit bis hin zu einer gewissen Pedanterie erfordert. Die Qualitäten des Hahns sind Ordnung – auch die der Gedanken –, Intelligenz und Zielstrebigkeit. Dadurch lassen sich in diesen Jahren Fehlentwicklungen mit Hilfe von Logik und Intellekt korrigieren; ganz nach dem Motto „Schluss mit lustig".

Die vom Hahn verkörperte Ordnung lässt sich aber nicht nur beruflich oder in der Politik nutzen, sondern ebenso gut im Privatleben. Daher wird eine Ehe, die unter Bedacht im Jahr des Hahns geschlossen wurde und sich an einer gewissen Ordnung zwischen den Partnern orientiert, sehr erfolgreich verlaufen, auch wenn der Hahn selbst eher als schwieriger Partner gilt.

Insgesamt sollte man in Jahren des Hahns sorgfältig darauf achten, dass aus Selbstbewusstsein keine Überheblichkeit wird. Zudem besteht die Gefahr, sich in den Fantasiewelten des eigenen Erfolgs zu verlieren.

Im Zeichen des Hahns Geborene sind stolze, selbstbewusste Menschen, die um ihre Intelligenz wissen und dabei die Neigung entwickeln, sich eine Spur zu stark aufzublasen.

Sollten Sie an ein solches Exemplar geraten, können Sie bei ihm ganz leicht die überschüssige Luft rauslassen: Loben Sie den Hahn für das, was er kann, und für das, was er ist. Fühlt er sich von seiner Umgebung geschätzt, legt er nämlich sein aufgeplustertes Ego auch ganz schnell wieder ab und ist sogar gerne bereit, anderen den Vortritt zu lassen.

Der Hund als Jahresherrscher

Die Ordnung, die im Jahr des Hahns hoffentlich Einzug gehalten hat, erhält im Jahr des Hundes noch einmal eine ganz besondere Gestalt: Sie wird um den Aspekt der Gerechtigkeit ergänzt und umgeformt.

Damit sind Hund-Jahre in aller Regel sehr spannende Jahre, in denen die Chancen gut stehen, dass positive Entwicklungen eine Fortsetzung erfahren. Allerdings können nicht alle Tierzeichen dieses Jahr gleich gut nutzen. Für Büffel stehen die Zeichen aber besonders günstig und Ratten, Tiger, Hasen, Hähne und Hunde profitieren ebenfalls sehr.

Grundsätzlich gilt: Wenn es seit Längerem etwas gibt, das im Sinne der Gerechtigkeit auszugleichen ist, dann sollten Sie es in diesem Jahr versuchen. Sei es, dass eine bereits endlos anstehende Beförderung nun tatsächlich stattfindet, sei es, dass eine alte (moralische oder finanzielle) Schuld beglichen oder die Auswirkungen eines fehlerhaften Verhaltens aus der Welt geschafft werden.

Doch ähnlich wie die Friedensliebe der Ziege ist auch das Gerechtigkeitsempfinden des Hundes nicht ohne Schatten. Denn Gerechtigkeit ist nun einmal keine objektive Angelegenheit, die jeder gleich empfindet. Und so verbeißen sich viele Menschen gerade im Jahr des Hundes oft in eine Idee und werden zu selbstgerechten Rächern, die mehr Schaden anrichten, als sie Gutes tun.

In Hund-Jahren besteht die Gefahr, dass aus dem Bedürfnis nach Loyalität Kontrollsucht wird und Prinzipientreue zu Besserwisserei mutiert. Zudem kann die Bereitschaft zur Gefolgschaft in Unterwürfigkeit enden.

Im Zeichen des Hundes geborene Menschen sind aufrichtig, treu und loyal. Selten erheben sie einen Führungsanspruch, haben allerdings hohe Verhaltensmaßstäbe, die sie an sich und andere anlegen. Da der Hund in aller Regel jedoch eine angenehme, ruhige Ausstrahlung besitzt, ist er bei vielen beliebt.

Das Schwein als Jahresherrscher

Im Jahr des Schweins ist Ehrlichkeit angesagt. In diesem Jahr wird weder getrickst noch betrogen. „Was es hat, das wiegt es" ist das Motto dieses Jahres und daher geht es in dieser Zeit um nichts anderes als um ehrliche Arbeit.

Wohlgemerkt: um ehrliche Arbeit – nicht unbedingt um harte. Vom Schwein regierte Jahre sind daher auch bestens dazu geeignet, bereits erarbeitete Erfolge zu konsolidieren und ihnen damit so etwas wie eine nachhaltige Wirkung zu verleihen.

Wer es in seinem Umfeld mit Intriganten oder Betrügern zu tun hat, der bekommt im Jahr des Schweins gute Chancen, diese Menschen auflaufen zu lassen. Selbst sollte man keinesfalls zur List greifen, was beispielsweise Ratten gar nicht so leicht fällt. Da das Schwein Konversation liebt, stehen in den von ihm regierten Jahren auch die Chancen ähnlich gut wie in Hase-Jahren, lang andauernde Konflikte durch Gespräche aus der Welt zu schaffen.

Der wohlmöglich einzige Wermutstropfen im Schwein-Jahr liegt in der Tatsache begründet, dass Emotionen relativ dicht unter der Oberfläche ruhen. Mit dem einen oder anderen Zornesausbruch muss man also trotz aller Harmoniebereitschaft rechnen. Das liegt letztlich an der Offenheit und Gradlinigkeit, die mit dem Schwein ins tägliche Leben Einzug halten.

In Schwein-Jahren sollte man zusätzlich darauf achten, nicht zu viel von sich preiszugeben, weil die Gesprächsbereitschaft der Mitmenschen ab und zu in Tratscherei ausartet. Außerdem ist zu beachten, dass die Einsatzbereitschaft für die Allgemeinheit nicht in einer Opferrolle endet und man auf dem Altar der Nächstenliebe geschlachtet wird.

Im Jahr des Schweins geborene Menschen sind gradlinig und ehrlich. Sie arbeiten hart, denn ein gewisser Wohlstand ist ihnen wichtig. Gleichzeitig sind sie aber auch sehr freizügig, weil sie andere gerne an ihrem Besitz teilhaben lassen.

Obwohl Schweine sehr kommunikativ sind, scheuen sie oft Diskussionen. In ihnen fühlen sie sich erstaunlich hilflos und verletzlich.

Die Monatsregenten

Nicht allein die Jahre, auch die Monate werden den zwölf Tieren des chinesischen Tierkreises zugeordnet.

Die Reihenfolge der Tiere, die den jeweiligen Monat beherrschen, ist die gleiche wie die der Jahresregenten. Der Reigen startet zum Zeitpunkt der Wintersonnenwende mitten im 11. Monat, dem Monat der Ratte. Von diesem Zeitpunkt aus wird auch das chinesische Neujahrsfest berechnet (siehe oben Seite 37). Und wie das chinesische Neujahrsfest liegt auch der Beginn des ersten Monats im Frühling:

Berechnet werden die Monatsregenten allerdings nicht nach dem Linisolarkalender wie das chinesische Neujahrsfest, sondern nach dem traditionellen chinesischen Bauernkalen-

Tabelle 6: Chinesischer Monatsregent und europäische Tierkreiszeichen		
Monatsregent	Datum	Überschneidung mit dem europäischen Tierkreis
Ratte	07. 12. bis 05. 01.	Schütze/Steinbock
Büffel	06. 01. bis 03. 02.	Steinbock/Wassermann
Tiger	04. 02. bis 04. 03.	Wassermann/Fische
Hase	05. 03. bis 04. 04.	Fische/Widder
Drache	05. 04. bis 05. 05.	Widder/Stier
Schlange	06. 05. bis 05. 06.	Stier/Zwillinge
Pferd	06. 06. bis 06. 07.	Zwillinge/Krebs
Ziege	07. 07. bis 06. 08.	Krebs/Löwe
Affe	07. 08. bis 07. 09.	Löwe/Jungfrau
Hahn	08. 09. bis 07. 10.	Jungfrau/Waage
Hund	08. 10. bis 06. 11.	Waage/Skorpion
Schwein	07. 11. bis 06. 12.	Skorpion/Schütze

der. Als erster Monat gilt der Monat des Tigers, der am 4., manchmal auch 5. Februar im chinesischen Bauernkalender beginnt, also mit dem Frühlingsanfang (siehe Tabelle 4 ab Seite 35).

Es bietet sich an, nun eine Gegenüberstellung von westlichen mit chinesischen Tierkreiszeichen zu versuchen, wie in Tabelle 6 vorgenommen. Diese ist jedoch nur bedingt sinnvoll. Denn erstens bestehen zeitliche Abweichungen von ziemlich genau einem halben Monat (und wir hätten gewisse Schwierigkeiten damit, zu begründen, warum zwischen Vertretern eines einzigen europäischen Tierkreiszeichens [zum Beispiel des Wassermanns] so große Unterschiede bestehen sollten wie zwischen zwei chinesischen Monatsregenten [in unserem Beispiel Büffel und Tiger]), und zweitens kann diese Parallelisierung nur auf jener Ebene erfolgen, auf der die chinesischen

Tierkreiszeichen als Monatsregenten wirksam werden – auf der Ebene der Lernaufgaben. Das lässt sich aber kaum mit dem Verständnis des Sonnenzeichens in der westlichen Astrologie verbinden, wo die Frage, ob wir Schütze oder Zwillinge sind, unsere mitgebrachte Handlungsanweisung bestimmt.

Die Wirksamkeit des Monatsregenten ist jener des Jahresregenten im chinesischen Horoskop deutlich untergeordnet. Er modifiziert nach chinesischer Vorstellung den Einfluss des Jahresregenten und färbt vor allem die Ausrichtung des Willens und die Lernaufgaben des Menschen.

Daher ist es keine einfache Wiederholung der oben beschriebenen Auswirkungen der Jahresregenten, wenn im Folgenden die Art und Weise zusammengefasst wird, in der die zwölf Tiere als Monatsregenten auf die in ihrem Herrschaftszeitraum geborenen Menschen einwirken. Den gleichen Einfluss üben sie auf einer etwas anderen Ebene auch auf Ereignisse und deren Entwicklung aus, die in der Zeit ihrer Herrschaft stattfinden – und auf dieser Basis bestimmen chinesische Astrologen für wichtige Ereignisse den richtigen Zeitpunkt.

Im Monat der Ratte

Die Ratte unterstützt aktives Streben und ehrgeizige Ziele. Gefühle treten bei Menschen, die in einem Ratte-Monat geboren sind, eher in den Hintergrund, während Willenskraft und Intellekt eine wichtige Rolle spielen. Diese Energie mag bei manchen Charakteren eine willkommene Ergänzung sein, die ihnen das Rückgrat stärken kann. Bei Ratten zum Beispiel ist sie jedoch eher gefährlich, denn es verschärft ihre Tendenz, sich emotional abzukapseln.

Im Monat des Büffels

Der Büffel verleiht den Menschen, die in seinem Monat geboren sind, Beständigkeit und Durchsetzungsvermögen und dazu die Kraft, zu ihren eigenen Ideen und persönlichen Zielen zu stehen. Das kann labilen Charakteren guttun, bei anderen führt es zu Anflügen von Herrschsucht oder auch Starrsinn. Wichtig ist für Menschen, die im Monat des Büffels geboren sind, dass sie sich bemühen, auch seelische Belange ernst zu nehmen.

Im Monat des Tigers

Unter Tiger-Einfluss kommt das Gefühl stärker zum Tragen und wird insbesondere mit dem Verstand verbunden. Herzlichkeit und Wärme ist die Folge, Rücksichtnahme auf die Gefühle anderer wird verstärkt. Menschen, die in einem Tiger-Monat geboren sind, sollten darauf achten, dass sie nicht zu subjektiv urteilen und handeln.

Im Monat des Hasen

Auch den Menschen, die in seinem Monat geboren sind, verleiht der Hase ein ausgeprägtes Harmoniestreben. Das wirkt sich bei vielen positiv aus, und sie sind meist fähig, sehr gut mit anderen Menschen umzugehen.

Bei eher zurückhaltenden Charakteren kann es dazu führen, dass ihr Harmoniebedürfnis in störender Weise die Oberhand gewinnt. Diese Menschen sollten ab und zu daran denken, dass andere sehr gern einmal streiten, um eine Sache ein für allemal zu klären und aus der Welt zu schaffen und einfach die Atmosphäre zu reinigen.

Im Monat des Drachen

Der Drache verleiht den Menschen, die in seinem Monat geboren sind, Erfindungsgeist und Originalität. Wenn sie darauf achten, diese Fähigkeit zum Positiven einzusetzen und nicht nur für egoistische Ziele, können sie die Welt durch diese Gabe nur bereichern.

Im Monat der Schlange

Willenskraft und Stärke sind die Attribute der in einem Schlangen-Monat Geborenen. Und je nach ihrem Grundcharakter kann das den Menschen sehr guttun oder auch eine eigene Tendenz zu Starrsinn verstärken. Alle sollten sich darauf beschränken, diese Willenskraft zum Kehren vor der eigenen Tür einzusetzen und mit ihrer Stärke die eigenen Schwächen, nicht aber die Freiheit ihres Gegenübers zu bekämpfen.

Im Monat des Pferdes

Die Abenteuerlust des Pferdes wirkt sich bei Menschen, die in einem von ihm beherrschten Monat geboren sind, dahingehend aus, dass sie mutig und freudig an ihre Aufgaben herangehen – und sie natürlich auch viel leichter als andere bewältigen. Wenn sie nicht vergessen, diese Fähigkeit auch zum Arbeiten an ihrer eigenen geistig-seelischen Entwicklung einzusetzen, kann nicht viel schief gehen.

Im Monat der Ziege

In einem Monat der Ziege Geborene besitzen meist einen praktischen Sinn für das Machbare. Diese Eigenschaft bewahrt sie vor allzu waghalsigen geistigen Höhenflügen, bei denen sie den praktischen Bezug ihres Tun aus den Augen verlieren. Ihre theoretischen Erkenntnisse sollten diese Menschen allerdings nicht für sich behalten, sondern in die Praxis umsetzen – zum Wohle aller.

Im Monat des Affen

Menschen, die in einem Affen-Monat geboren sind, sind meist von Wissensdurst und Streben nach Erkenntnis gekennzeichiet. Die Neugier des Affen kommt hier also positiv zum Tragen, kann aber bei Affen und Schweinen zu Übertreibungen führen. Solange sie aber auch die Erkenntnis des eigenen Wesens zum Ziel hat, ist kein anderer verletzt.

Im Monat des Hahns

In einem Hahn-Monat Geborene besitzen einen klaren analytischen Verstand und sind daher in der Lage, komplexe Probleme gründlich und gewissenhaft zu analysieren. Beim Zusammenfügen der einzelnen Ergebnisse haben sie schon eher Schwierigkeiten.

Wenn sie mit dem Analysieren bei sich selbst anfangen und ganzheitliches Denken nicht vergessen, können sie anderen wertvolle Hilfe leisten.

Im Monat des Hundes

„Der Klügere gibt nach", das ist das Motto der Menschen, die in einem Hunde-Monat geboren sind. Auch wenn es ihnen schwerfällt, so sollten sie dabei nicht vor lauter Nachgeben wichtige eigene Belange aus den Augen verlieren, sondern sich selbst treu bleiben.

Im Monat des Schweins

Wer in einem Schwein-Monat geboren wurde, dem ist Wahrheitsstreben und Aufrichtigkeit bei der Erkenntnis selbstverständlich. Wichtig ist, dass diese Menschen die Grenze zwischen Wahrheit und Neugier nicht überschreiten, um nicht als taktlos zu gelten.

Die Stundenregenten

So wie sich der Zyklus des Tierkreises durch zwölf Jahre dreht, und so wie er seine Entsprechung in den zwölf Monaten eines Jahres findet, so dreht er sich auch durch den Tag, wobei jeweils zwei Stunden des Tages von einem Tier regiert werden.

Tabelle 7: Die chinesischen Stundenregenten

Ratte	23.00 bis 0.59 Uhr
Büffel	1.00 bis 2.59 Uhr
Tiger	3.00 bis 4.59 Uhr
Hase	5.00 bis 6.59 Uhr
Drache	7.00 bis 8.59 Uhr
Schlange	9.00 bis 10.59 Uhr
Pferd	11.00 bis 12.59 Uhr
Ziege	13.00 bis 14.59 Uhr
Affe	15.00 bis 16.59 Uhr
Hahn	17.00 bis 18.59 Uhr
Hund	19.00 bis 20.59 Uhr
Schwein	21.00 bis 22.59 Uhr

Alle Zeitangaben in MEZ.

)er Regent der Geburtsstunde modifiziert wiederum den Jahesregenten und den Monatsregenten. Während der Jahresegent die grundsätzliche Ausprägung des Charakters und der Aonatsregent die Ausrichtung des Willens prägt, so bringt der Stundenregent über die Geburtsstunde die Ausrichtung der Gefühle ins Spiel.

Diese Uhrzeiten in Tabelle 7 gelten für die mitteleuropäische Zeit. Rechnen Sie also gegebenenfalls erst von der Sommerzeit auf Winterzeit zurück, ehe Sie Ihre Geburtsstunde in der Tabelle aufsuchen.

In der Stunde der Ratte

Ästhetisches Feingefühl zwischen Luxus und gutem Geschmack – das spiegelt den Einfluss der Ratte auf diejenigen, die in ihrer Doppelstunde geboren sind. Was daraus wird, hängt ganz von den allgemeinen Anlagen ab. Möglicherweise wird es teuer, möglicherweise wird es auch maßlos, aber sicher nicht abstoßend.

In der Stunde des Büffels

Innere Ruhe zwischen Starrsinn und Gelassenheit – so könnte man den Einfluss des Büffels auf all die bezeichnen, die in seiner Doppelstunde geboren sind. Flatterhaften Wesen tut das sehr gut, bei Büffeln ist es möglicherweise zu viel des Guten. Hektisches Hin- und Herschwanken ist nicht angesagt.

In der Stunde des Tigers

Spirituelle Tiefe zwischen Religion und Metaphysik – der Tiger sorgt bei den in seiner Doppelstunde Geborenen für ein aktives Seelenleben. Oberflächlichkeit ist hier kein Thema – im Gegenteil!

In der Stunde des Hasen

Soziale Intelligenz zwischen Kommunikationsfähigkeit und Harmoniebedürfnis – unter dem Einfluss des Hasen werden zwischen 5 und 7 Uhr morgens Geborene eher auf andere zugehen als sich abkapseln, eher das Gefühl haben, dass Brücken bessere Verbindungen zwischen Menschen und Ansichten schaffen als Raketen.

In der Stunde des Drachen

Machtbewusstsein zwischen Selbstvertrauen und Herrschaftsanspruch – es kommt ganz auf die allgemeinen Anlagen an, wie sich der Einfluss des Drachen auf das Gefühlsleben der in seiner Doppelstunde Geborenen äußert. Zaghaft in der Ecke stehen und ihr Licht unter den Scheffel stellen werden sie vermutlich nicht.

In der Stunde der Schlange

Künstlerisches Empfinden zwischen tieferer Weltsicht und Ästhetik – eine Schlange mag es kompliziert, und auch die in ihrer Zeit am Vormittag Geborenen sehen die Welt nicht einfach mit den Augen des platten Materialisten. Zusammenhänge und Strukturen zu erkennen und zu berücksichtigen, ist ihnen ein Leichtes – sehr zur Verblüffung anderer.

In der Stunde des Pferdes

Selbstkontrolle zwischen Begeisterung und Beherrschung – das Pferd gibt den in seiner Doppelstunde Geborenen den dosierten Umgang mit der eigenen Energie mit auf den Weg. Und das kann auch zu positivem Überschwang führen. Keine Zeit für unentschiedene Langeweiler.

In der Stunde der Ziege

Liebe zwischen Selbstaufgabe und Happy End – Oberflächlichkeit und Desinteresse ist bei denen, die in der Doppelstunde der Ziege geboren sind, nicht angesagt. Eher schon persönliche Betroffenheit durch Mitleiden beim Umgang mit anderen.

In der Stunde des Affen

Unruhe zwischen Neugier und Interesse – wer zwischen 3 und 5 Uhr nachmittags geboren ist, der geht offen an die Welt heran. Teilnahmslos in der Ecke sitzen und die Dinge passiv auf sich zukommen zu lassen, ist nicht seins – eher verbrennt er sich einmal die Finger.

In der Stunde des Hahns

Selbsterkenntnis zwischen Egozentrik und Analyse – der Hahn sorgt bei denen, die in seiner Doppelstunde geboren sind, für das Streben nach einem scharfen, präzisen Selbst- und Weltbild. Verschmutzte Objektive gibt es hier selten, eher schon den klassischen Sprachfehler: Das einzige bekannte persönliche Fürwort ist „Ich“.

In der Stunde des Hundes

Sensibilität zwischen Zuhören und Treue – in der Doppelstunde des Hundes Geborene gehen mit offenen Ohren durch die Welt und an ihre Umgebung heran. Oberflächliche Ignoranten finden sich in dieser Gruppe nicht, eher schon hingebungsvolle Anhängsel.

In der Stunde des Schweins

Daseinsfreude zwischen Toleranz und Neustart – wer in der Doppelstunde des Schweins geboren ist, fällt immer wieder auf die Füße und versucht mit neuem Optimismus, seinen Platz in der Welt zu finden. Schwein-Stunden sind keine Zeit für missmutige Sauertöpfe.

Die Harmonie der Elemente

In unserem hellenistisch-europäischen Kulturkreis beherrschen vier Elemente das Denken und die Symbolik der Alchemisten: Feuer, Wasser, Erde und Luft. Diese Vierzahl ist in unserer Kultur so stark verankert, dass die Vier zum Symbol der physischen Welt schlechthin wurde (im Unterschied zur Drei, die für die Dreieinigkeit und damit die Welt der Gottheit steht). Es gibt vier Tageszeiten, vier Jahreszeiten, vier Himmelsrichtungen und so weiter und wir können uns kaum etwas anderes vorstellen.

In der chinesischen Kultur spielt die Fünfzahl eine ähnlich große Rolle wie bei uns die Vier: Es gibt fünf Richtungen (Nord, Süd, Ost, West, Mitte), fünf Töne (denken Sie an die Musik der Pentatonik), fünf Geschmacksrichtungen (süß, sauer, salzig, bitter, scharf) und so weiter.

Nach chinesischer Lehre gibt es folglich auch fünf Elemente: Wasser, Holz, Feuer, Erde und Metall. Von deren ursprünglichem Zusammenhang mit den fünf Planeten Venus, Mars, Jupiter, Saturn und Merkur war bereits die Rede.

Diese fünf Elemente beherrschen die Mondjahre, und zwar

jedes immer zwei aufeinanderfolgende Jahre lang, zunächst in einer Yang-Ausprägung, dann in einer Yin-Ausprägung. So kommt es nur alle 60 Jahre zu einer genau gleichen Kombination von Element und Tier.

Dieser 60-Jahres-Zyklus entspricht einem Lebensalter oder zwei Generationen. Und dies deckt sich durchaus mit unserer westlichen Erfahrung, dass Begabungen häufig eine Generation überspringen. Oft heißt es, jemand habe diesen oder jenen Charakterzug von seinem Großvater geerbt, oder ein Mädchen sei seiner Großmutter viel ähnlicher als seiner Mutter.

Versucht man nun zu verstehen, wie die Elemente auf das Wesen der Menschen wirken, so darf man nicht vom Bild des großen Suppentopfes ausgehen, in welchem mit einer großen Portion Ratte, einem Esslöffel Feuer, einem Teelöffel Ziege und einer Prise Hund ein Ganzes gebraut wird. Nicht additiv wirken die Elemente auf die das Jahr regierenden Tierkreiszeichen, sondern modifizierend, also mildernd oder verstärkend, je nachdem, welche Eigenschaften das Tier „vorgibt".

Die Geradlinigkeit eines Schweins wird also durch das Element Erde, das Beständigkeit verleiht, zu besonders großer Charakterfestigkeit verstärkt, auf die Beständigkeit des Büffels hingegen kann sich der Einfluss des Elements Erde in Form von Sturheit niederschlagen. Und vielleicht erklärt ja das Element, warum sich ein 1933 geborener (Wasser-)Hahn bei allen Gemeinsamkeiten so stark von seinem 1957 geborenen (Feuer-)Hahnenkind unterscheidet.

Metall

Symbol für Vergänglichkeit

Unter Metall-Einfluss geborene Menschen sind stark und charakterfest, haben klare Ziele und sind in der Lage, höchste Energien zu mobilisieren, um diese zu erreichen. Positiver Metall-Einfluss macht sich in Form von Energie, Strebsamkeit und Ausdauer bemerkbar, negativer Metall-Einfluss führt zu Starrheit beim Festhalten an gewonnenen Erkenntnissen, möglicherweise auch zu übertriebenem Machtstreben. Unter zu großer Belastung bricht Metall aber leicht.

Legt man nun noch den Yin-Yang-Rhythmus über die Eigenschaften des Metalls, dann erkennt man unter dem Vorzeichen Yang das Metall, das Materie zu durchtrennen in der Lage ist. Unter dem Vorzeichen Yin verliert es seine Struktur und zerfällt so, als würde es verrosten.

Das heißt nun aber nicht, dass Yang immer positiv ist, während Yin immer negativ wirkt. Eine frisch geschliffene Pflugschar (Yang) zerpflügt den Boden und schafft Voraussetzungen für neues Leben, was zweifellos positiv ist. Als Waffe verwendet, spaltet das Metall unter dem gleichen Prinzip des Yang auch Körper und bringt damit den Tod.

Eine alte, verrostete Pflugschar (Yin) zerbricht, sobald sie auf einen Stein trifft. Das klingt nicht gerade positiv. Aber was passiert danach? Die Metallstücke zerfallen unter dem Einfluss von Rost gänzlich, wodurch der Erde die ihr ursprünglich entzogenen Minerale wiedergegeben werden und damit der ewige Zyklus von Geburt und Tod neu beginnt. Man sieht, es kommt immer auf den Standpunkt an, ob etwas positiv oder negativ wirkt. Und das ist ja die Kernbotschaft fernöstlicher Philosophie: Die Polarität von Tod und Leben beschreibt zwei Seiten eines Umstandes, der den ewigen Zyklus von Geburt, Tod und Wiedergeburt erst möglich macht.

Unter Metall-Einfluss Geborene sollten daran denken, dass Metall zu Pflugscharen, aber auch zu Schwertern geschmiedet werden kann.

Wasser

水

Symbol für Nachgiebigkeit, die formt

Wasser ist das passive Element, das sich in aller Regel ruhig in seinem Bett bewegt und Hindernissen aus dem Weg geht, indem es sie locker umfließt. Gleichzeitig ist Wasser aber auch die mächtigste formende Kraft dieser Erde. Auch der härteste Stein kann sich durch die Jahrtausende hindurch nicht der gleichförmigen, formenden Kraft des Wassers entziehen. Und tritt es einmal aus seinen Ufern, dann beseitigt es auch innerhalb kürzester Zeit jedes Hindernis, das sich ihm in den Weg stellt.

Wasser ist der Inbegriff des Lebens. Ohne Wasser verdörrt die Erde, ohne Wasser nimmt das Metall nicht die gewünschte Form und Härte an. Es begrenzt sogar die vernichtende Kraft des Feuers.

Wasser in seiner Yang-Ausprägung fördert die Fruchtbarkeit der Erde und formt auf seine sanfte Art die Umgebung, es reißt aber auch Hindernisse nieder und bahnt sich eigensinnig seinen Weg. Wasser in der Yin-Form verbindet sich mit der Erde zu Morast, in dem alles versinkt. Aber auch aus diesem Morast entsteht am Ende wieder neues Leben, in dem er Bakterien nährt und wie der Nilschlamm Fruchtbarkeit in neue Gegenden transportiert.

Wasser verleiht demjenigen, der unter seinem Einfluss steht, Selbstvertrauen und innere Ruhe, aus der Kraft entsteht. Die Folgen sind verbesserte Kommunikation und ein gutes Gespür für die Natur und den Lauf der Dinge. Wer unter Wasser-Einfluss geboren ist, sollte allerdings daran denken, dass es gefährlich ist, sich nur treiben zu lassen – Stromschnellen tun dann besonders weh.

Holz

木

Symbol für Wachstum und Leben.
Holz tritt in so vielen verschiedenen Formen auf: als Baum mit Ästen und Wurzeln, als Baumaterial und als Nahrung für das Feuer. Holz schenkt uns durch den Stoffwechsel des Baumes die Luft zum Atmen. Es gibt uns gemeinsam mit dem Feuer Wärme und schenkt uns ein Dach über dem Kopf und den Tieren in der Natur einen Unterschlupf. Es schützt uns vor der Hitze der Sonne und vor der Kälte des Schnees. Im Dickicht des Waldes können wir Zuflucht finden, uns aber auch verirren.

Holz in seiner Yang-Ausprägung gibt den Dingen eine Form, sei es als Bauholz, sei es als Stab eines Speeres. Als Stock schenkt es Halt. Und durch sein Wachsen fördert es das Reifen der verborgenen Kräfte im Menschen. In seiner Yin-Ausprägung wird es spröde und zerbirst oder es beginnt zu verrotten und verliert so ebenso seine Form.

Holz verstärkt Eigenschaften und Wertsetzungen, die im Unterbewusstsein des Menschen schlummern, und bildet damit den Gegenpol zu Metall, das diese Kräfte vergehen lässt, sofern sie nicht bewusst gepflegt werden.

Sein Einfluss kann dazu führen, dass Menschen im Laufe ihrer Entwicklung mehrfach ihre Ansichten und ihr Weltbild ändern. Meist aber stehen sie fest wie ein Baum in der Erde, können Ideen vermitteln und sinnvoll umsetzen. Selten stehen sie auf einsamem Posten, meist schafft ihnen ihre Überzeugungskraft Verbündete. Die Gefahr: Wenn sie die Dinge auf die Spitze treiben, überfordern sie ihre Wurzeln oder ihren Stamm – und das kann auf keinen Fall gut gehen.

Feuer

Symbol für Energie und Umwandlung.
Das Feuer ist das am unmittelbarsten formende Element. Es ist der Mittler zwischen den geistigen Kräften des Universums und den materiellen der Erde. Unter dem Einfluss von Feuer wird aus Eis Wasser und aus Wasser Wasserdampf. Metall verbiegt sich und wird flüssig, die Erde verglüht. Doch sind nicht die Buschbrände ein Garant für die Fruchtbarkeit der Gebiete, in denen sie stattfinden? Schaffen sie nicht die Grundlage für neues Wachstum und anhaltende Fruchtbarkeit? Viele Dinge verzehrt das Feuer, aber es wärmt auch und schenkt uns Nahrung und Sicherheit.

Feuer im Yang lässt die Dinge hell auflodern, es transformiert und reinigt, es vernichtet aber auch, wenn es zu stark entfacht wird. Feuer im Yin lässt die Nahrung besser verträglich werden, es wärmt, aber es erzeugt auch giftige Gase, die uns die Luft zum Atmen nehmen.

Genauso verwandelt oder verstärkt das aktive Element Feuer, das Symbol für Energie, auch die Eigenschaften der Menschen, die unter seinem Einfluss stehen. Es sorgt dafür, dass Entscheidungen schneller fallen, dass jemand rascher reagiert.

Der Energieschub des Feuers ist aber nicht ungefährlich. Es beschleunigt das Leben, lässt die Menschen für ihre Ideale und ihr Tun brennen – es führt letztendlich zu Burn-out, Krankheit und Tod.

Grundsätzlich sollten Feuer-Menschen sehr bewusst immer wieder den Sinn ihres Handelns hinterfragen, ehe sie in wilden Aktionismus ausbrechen. Risikobereitschaft gehört zu ihren Eigenschaften, über Traditionen setzen sie sich leicht hinweg, die Gefahr rücksichtslosen Zerstörens ist groß.

Erde

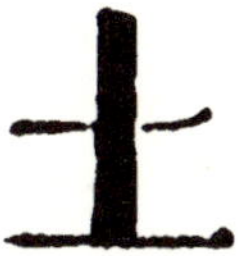

Symbol für Beständigkeit.

Die Erde ist unsere Mutter. Aus ihrem Staub wurden wir geschaffen und zu ihrem Staub kehren wir zurück. Erde ist der Garant für das Leben auf ihr. Sie schenkt uns die Nahrung, gibt uns und allem anderen Leben auf diesem Planenten eine Heimat. Erde im Yang lässt die Pflanzen wachsen und ernährt nicht nur sie, sondern damit auch uns. Sie schenkt uns ihre Bodenschätze, nimmt, so gut sie kann, Wasser auf und trägt das Holz. Erde im Yang kann aber auch in Bewegung geraten, sie kann beben und unter sich alles begraben. Im Yin wird die Erde staubig und beherbergt den Tod. Im Schlamm der Erde versinken wir, bis wir uns nicht mehr rühren können, und ersticken.

Menschen, die unter dem Einfluss des Elements Erde stehen, können fruchtbare Charaktere sein, die alles um sich herum zum Blühen bringen. Sie sind pragmatisch und setzen ihre Energien sparsam, aber wirkungsvoll ein. Auf sprunghafte Charaktere hat das einen stabilisierenden Einfluss. Aber auch die Stabilität hat ihre Schattenseiten. Wirkt sie zu stark perfektioniert, erstirbt jede Bewegung. Es herrscht Stillstand, der keinen Fortschritt mehr zulässt.

Bei aller Zuverlässigkeit, Gründlichkeit und bei allem Realitätssinn sollten sich Menschen mit dem Element Erde immer wieder fragen, ob sie noch beweglich genug sind, um Spontaneität und Kreativität zulassen zu können. Denn übertriebenes Sicherheitsdenken führt letztlich zu Verbohrtheit.

Die Ziege

Prinzip: passiv, Yin
Glückszahl: 4
Farbe: Weiß
Symbol: Artigkeit
Wesen des Ziege-Jahres: Ein Jahr der eigenständigen kleinen Erfolge

Der Charakter

Um den Charakter des Ziege-Geborenen zu verstehen, sollte man sich zunächst mit der Symbolik beschäftigen. „Die domestizierte, Milch spendende Ziege galt häufig als Symbol für Fruchtbarkeit, Überfluss und häuslichen Segen. Der Ziegenbock stand stattdessen schon allein aufgrund seines Gestanks für das Abscheuliche, die Lüsternheit und die zerstörerische Triebhaftigkeit. Allerdings verkörperte er auch die Zeugungskraft und wurde der Ziege beigestellt, um so die beiden Prinzipien der Fruchtbarkeit zu vereinen", heißt es im Symbole-Lexikon.

Zu diesem ambivalenten Bild der Fruchtbarkeit kommen aber auch eindeutig negative Zuschreibungen, und zwar sowohl für die männliche wie auch für die weibliche Ziege. Beginnen wir mit dem Ziegenbock, der uns in unseren Breiten oft als Teufel, im süddeutschen Sprachraum auch als Krampus oder als Percht begegnet. All diese Figuren sind Verkörperungen des Bösen, Teuflischen, die in der Gestalt des Luzifer mit Bocksfuß und Hörnern auftreten und bestialisch stinken. Aber auch die weibliche Ziege kommt bei uns nicht sonderlich gut davon. „Meckerziege" nennt man vor allem jene weiblichen Zeitgenossen, die an allem etwas auszusetzen haben und das auch laut kundtun.

Die Chinesen haben dagegen ein ganz anderes Bild von der Ziege. Für sie ist das genügsame Tier, das dem Menschen als Dankbarkeit für ein bescheidenes Dach über dem Kopf und Schutz vor Raubtieren seine Milch schenkt, im Grunde ein sehr positives Geschöpf. Neben der Genügsamkeit und der Dankbarkeit verknüpft der chinesische Kulturkreis mit der Ziege so altmodische Eigenschaften wie Artigkeit, Gehorsam und Anpassungsbereitschaft.

Ziegen sind Yin

Die Ziege ist ein Tier, das unter dem regierenden Einfluss der weiblichen Yin-Qualität steht – und so besitzt auch der Ziege-Geborene ganz unabhängig von seinem Geschlecht die Qualitäten kraftvoller Weiblichkeit. Das mag speziell für männliche Ziegen merkwürdig klingen, ist es im Grunde aber nicht. Jeder Mensch, egal ob Mann oder Frau, besitzt männliche und weibliche Qualitäten, die je nach individuellem Charakter unterschiedlich stark ausgeformt sind.

Bei Ziege-Geborenen sind die weiblichen eindeutig stärker vertreten als die männlichen – und dies in einer besonders kraftvollen Ausprägung. Im täglichen Leben heißt dies, dass diese Menschen einen besonders fürsorglichen, nährenden und anderen Lebewesen zugewandten Charakter besitzen, und dass sie die damit verbundenen Aktivitäten mit außergewöhnlich viel Energie umsetzen. Speziell in der Ziege begegnet einem die wohlgeordnete Häuslichkeit, die mit den ihr innewohnenden Strukturen den Menschen ein behagliches, sicheres Auskommen verspricht.

Großer Wohlstand ist im Konzept der Ziege ebenso wenig vorgesehen wie Macht, Kampf oder kreatives Chaos. Vielmehr geht es um das bescheidene Glück, das ohne große Aufmerksamkeit blüht, das dem Menschen aber ein zufriedenes, wenngleich arbeitsreiches Leben beschert.

Anklänge des Meckerns sehen die Chinesen auch in der Ziege, allerdings nur, wenn ihre Sehnsucht nach einem friedvollen Leben gestört wird. Bei allen weiblichen Qualitäten sind Ziegen alles andere als passive Geschöpfe, die alles mit sich machen lassen. Im Gegenteil, erscheint ihr Lebensglück gestört, dann kämpft sie für ihren Frieden und wirkt in solchen Augenblicken selber alles andere als friedlich. Dass das der Umgebung manchmal gründlich auf die Nerven gehen kann, versteht sich wohl von selber.

Die Glückszahl der Ziege ist die 4, eine Zahl, die für Struktur und Ordnung steht. All diese Eigenschaften begegnen uns auch in der Ziege. Die 4 repräsentiert das Gesetz und die Stabilität, ihre ordnenden Prinzipien sind Logik und (Selbst-)Disziplin. Sie schafft Sicherheit, gibt Orientierung, sorgt dafür, dass die Dinge Bestand haben. Und genau diese Eigenarten repräsentiert auch die Ziege. Sie schafft Ordnung im Haus, sorgt für einen geregelten Tagesablauf und achtet darauf, dass alle Familienmitglieder zu ihrem Recht kommen. Tanzt einer aus der Reihe, wird ihn die Ziege zur Ordnung rufen; zur Not auch mit einem schmerzhaften Schubs mit den Hörnern.

Gleichzeitig besitzt die Ziege aber auch sehr weiche, gefühlsbetonte Seiten. Sie ist empfindsam bis zur Empfindlichkeit und einfühlsam bis zur Selbstaufgabe. Ihr Charakter ist von einer gewissen Grundängstlichkeit geprägt, nicht um ihrer selbst willen geliebt zu werden. Außerdem plagt sie ständig die Sorge, ob sie auch genug leistet und dafür anerkannt wird. So duckt sie sich vor ihrer Umgebung und macht sich künstlich kleiner, als sie in Wahrheit ist. Bestätigt ihre Umgebung dieses Selbstbild, reagiert die Ziege allerdings beleidigt. Dann wird sie kurz zur Furie und beginnt sich unangemessen stark zu wehren. Das irritiert ihre Mitmenschen. Sie haben ja nur die Aussagen der Ziege über sich selbst aufgegriffen und bestätigt. Warum sie daraufhin so „zickig" wird, können viele nicht verstehen – die Ziege selbst übrigens am wenigsten.

Für die Ziege sind die Jahre des Büffels die schwierigsten. In ihnen treten ihre Ängste unmittelbar hervor, und sie hat noch mehr Schwierigkeiten als sonst, sich auf ihr Selbstbewusstsein zu besinnen. Ähnlich sieht es auch in Jahren der Ratte aus. In Liebesdingen tun den Ziegen die Jahre des Pferdes besonders gut, finanziell und beruflich Drachen-, Hunde- und Schweine-Jahre. Ihre persönliche Entwicklung macht besonders in Jahren des Tigers und des Hahnes große Fortschritte. In diesen Jahren gelingt es der Ziege besonders gut, ihr Selbstbewusstsein zu entwickeln und überflüssige Ängste abzulegen.

Stärken und Schwächen

Einiges ist über die Licht- und Schattenseiten des Ziege-Charakters bereits angeklungen. Aber sehen wir uns die positiven und die negativen Eigenschaften ruhig ein wenig genauer an. Pflichtbewusst, fleißig und gründlich – so trippelt die Ziege mit kleinen, aber vorhersehbaren Schritten durchs Leben. Ihre Arbeit erledigt sie diszipliniert, in ihrem Umfeld achtet sie auf Ordnung. Im Grunde ist sie ein sehr strukturiertes, nachdenkliches Wesen. Wobei ihr geistiges Potenzial keine „großen

Würfe" zustande bringt, ihre intellektuellen Fähigkeiten aber sehr wohl so ausgeprägt sind, dass sie die Dinge gründlich durchdenkt und zuverlässig durchführt. Was eine Ziege verspricht, das hält sie auch. Auf ihr Wort ist Verlass und sie nimmt auch nie den Mund zu voll, wenn sie anderen etwas zusagt. Da sie bei allem, was sie denkt und was sie tut, nie den Bezug zur Praxis aus den Augen verliert, macht sie zu einer besonders tatkräftigen Person.

Für die ganz großen Erfolge fehlt der Ziege eine wesentliche Voraussetzung: der Mut zum Risiko. Sie wählt den Weg der risikoarmen, kleinen Schritte, ärgert sich aber, wenn mutigere Zeitgenossen mit großzügigem Ausschreiten an ihr vorbeiziehen. Dann macht sich noch ein negativer Charakterzug der Ziege bemerkbar: Sie neigt zu Neid und Missgunst. Macht man sie auf ihren mangelnden Mut als Ursache für die vermeintliche eigene Benachteiligung aufmerksam, bleibt sie jedoch dabei. Sie scheut auch weiterhin das Risiko. Ihr Weg zu ihren (bescheideneren) Erfolgen ist ein anderer.

Erfolgreich werden Ziegen meist dadurch, dass sie sich innere Ziele stecken. Diese Ziele verfolgen sie dann mit großer Beharrlichkeit und hoher Einsatzbereitschaft. Ablenken lassen sie sich auf ihrem Weg kaum. Was sich eine Ziege einmal vornimmt, das erreicht sie auch; es sei denn, höhere Gewalt hält sie davon ab. Wer eine Ziege kennenlernt, die weiß, was sie will, bekommt schnell den Eindruck, dass Ziegen sehr selbstbewusste, durchsetzungsfähige Wesen sind.

Aber es gibt auch die andere Sorte Ziegen. Hat sie ihren (inneren) Weg nämlich noch nicht gefunden, dann erscheint sie unsicher, ängstlich und schüchtern. Sie scheint sich vor allem und jedem zu fürchten; am meisten aber vor sich selbst. Kleinigkeiten werden extrem aufgebauscht und in allem wird zunächst einmal das Negative gesucht.

Aus diesem inneren Gefühlsstrudel kommt sie am besten

durch die liebevolle Zuwendung ihrer Umgebung heraus. Wird sie sorgsam gepflegt und gehätschelt, kommen sehr schnell wieder ihre positiven Eigenschaften zum Vorschein und sie wächst zu echten Höchstleistungen auf. Fehlt ihr menschliche Wärme und Anerkennung, so entpuppt sie sich als Meckerziege ersten Ranges – voll Unzufriedenheit und Pessimismus.

Das Urteil anderer ist für eine Ziege Maßstab ihres Wohlbefindens. Und dies hat gleich drei Ursachen: Erstens ist ihr Selbstwertgefühl nicht sonderlich stark ausgeprägt, zweitens hat sie ein ausgesprochen großes Einfühlungsvermögen und drittens neigt sie dazu, die Dinge aufzubauschen. Das Kind, für das der sanfte Tadel einer wohlmeinenden Lehrerin zur emotionellen Tragik anwächst, ist eine typische Ziege. Für das seelische Gleichgewicht der Ziege ist es deshalb wichtig, dass sie etwas Abstand zu anderen Menschen wahrt und sie nicht zu dicht an sich heranlässt.

Sie braucht das Gefühl, geliebt zu werden, und lässt sich nicht gern herumschubsen. Sanftheit und Einfühlsamkeit gehören zu ihren Stärken, die Gefahr einer Übertreibung ist hier aber durchaus gegeben – auf Kosten der Gesundheit der Ziege, die eine Meisterin im Mit-Leiden mit anderen Menschen ist. Zu viel Verständnis kann eben zu Selbstaufgabe führen, und das tut auch einer Ziege nicht gut.

Die Gesundheit

Ziegen neigen zu Pessimismus, und wie die Dinge nun einmal liegen, ist eine negative Lebenseinstellung nicht unbedingt förderlich für die Gesundheit. Das größte gesundheitliche Problem entsteht durch Neigung zu depressiven Verstimmungen, die mitunter das Ausmaß echter klinischer Depressionen erreichen können. Dann gehört die Ziege schleunigst in ärztliche Behandlung. Ist es dagegen noch nicht so schlimm und noch eher als Stimmung denn als Krankheit zu bezeichnen, kann sich die Ziege dank der liebevollen Unterstützung ihrer Umgebung selber helfen. Morgendlicher Ausdauersport ist darüber hinaus eine echte „Gute-Laune-Spritze". Eine tägliche Tasse Johanniskrauttee eine zweite.

Darüber hinaus leiden Ziegen häufig unter psychosomatischen Erkrankungen – Erkrankungen wohlgemerkt, mit Einbildung hat das nichts zu tun. Ziegen neigen zwar dazu, die Dinge, die ihnen widerfahren, aufzublasen, aber sie sind keine Hypochonder. Die findet man eher unter anderen Vertretern des Tierkreises, etwa unter den Pferden.

Besonders anfällig sind der Magen und die Gallenblase der Ziege. Die Probleme, die sie beschäftigen, schlagen sich ihr eben auf den Magen. Die Galle geht ihr auch schnell über, wenn sie wieder einmal das Gefühl bekommt, nicht geschätzt oder oder von ihrem Platz verdrängt zu werden.

Auch die Augen sind eine typische Schwachstelle der Ziege. Sie will die Dinge gar nicht so genau sehen, könnte dadurch ihre Meinung doch ins Wanken kommen.

Weitere typische Gesundheitsstörungen sind Schlafstörungen und nervöses Zucken sowie der besonders unangenehme Tinnitus, das unerklärliche Pfeifen im Ohr. Auch diese Erkrankungen sind eine Folge der nervösen Anspannung der Ziege, ob sie auch tatsächlich in der Lage sein wird, ihr Leben zu bewältigen. Begegnet die solcherart gemarterte Ziege einem liebevollen Menschen, der ihr das Gefühl gibt, ein liebenswerter, wertvoller Mensch zu sein, sind die Erkrankungen genauso schnell wieder verschwunden, wie sie aufgetaucht sind.

Ein weiteres, bei Ziegen weitverbreitetes Problemfeld sind die Autoimmunerkrankungen, und dabei vor allem Heuschnupfen und andere Pollenallergien. Nahrungsmittelunverträglichkeiten kommen dagegen seltener vor. Das hängt wohl auch mit der vernünftigen Ernährung zusammen, zu der Ziegen in aller Regel greifen.

Der Beruf und die Finanzen

Ohne Fleiß kein Preis: Das weiß die Ziege, weshalb sie die geborenen Jungunternehmer sind, allerdings nur in angestammten Bereichen und nicht in Hochrisikobranchen. Mit Zähigkeit und Ausdauer bringen sie auch unter schwierigen Bedingungen ihren Betrieb zum Laufen, meist im Alleingang, weil für viel Personal das Geld fehlt. Außerdem sind Ziegen nicht besonders gut im Delegieren.

Das eigene kleine Lohnverrechnungsbüro, die eigene Tischlerei oder allgemeiner noch, der eigene klassische Dienstleistungs- oder Handwerksbetrieb, das ist der Boden, auf dem sich Ziegen wohlfühlen. Als ausgewiesene Körper-Menschen sind sie Praktiker vom Scheitel bis zur Sohle.

Weitere ideale Berufe für Ziegen sind solche, in denen sie mit anderen Menschen zu tun haben, ihnen helfen können und bei der Linderung ihrer Leiden mitwirken. Nicht wenige Ziegen sind daher unter den Ärzten und dem Pflegepersonal zu finden. Aber auch in der Rolle der Chefsekretärin, die ganz in ihrer Arbeit für ihren Chef aufgeht, fühlt sich die Ziege wohl. Vorausgesetzt, der Chef behandelt sie gut und gibt ihr das Gefühl, dass sie die Beste ist.

Gut aufgehoben sind Ziegen aber auch bei der Pflege des Rechts und der Regeln. Rechtspfleger, Staatsrechtler, Verfassungsrichter, aber auch Naturwissenschaftler, Mathematiker oder Historiker sind Berufe, in denen eine Ziege ihre Berufung findet. Der Vollständigkeit halber sei noch erwähnt, dass sich

Ziege-Geborene im Staatsdienst gut bewegen können. Das Beamtentum ist in einer Art und Weise strukturiert, die sie versteht und in der sie sich voll entfalten kann. Zudem minimiert er das berufliche Risiko, zu scheitern.

Der Preis ist – verglichen mit der Privatwirtschaft – eine relativ bescheidene Karriereperspektive. Aber Ziegen können auch unter derartigen Bedingungen den steinigen Weg bis ganz oben schaffen.

Auch in größeren Unternehmen ist sie am zufriedensten, wenn man sie in Ruhe arbeiten lässt. Die Ziege geht Konfrontationen aus dem Weg. Lieber ist ihr, brav und artig etwas auszuführen, was sich ein anderer ausgedacht hat, als vorzupreschen und sich die Hörner abzustoßen.

Ziegen, denen es gelungen ist, ihre Ängstlichkeit zu überwinden und ihren Weg zu gehen, finden sich oft in beratenden Berufen, vom Anwalt bis zum Psychologen und sogar als Verkäufer, wieder, der erfolgreich darin ist, einen Weg zur Befriedigung der individuellen Bedürfnisse des einzelnen Kunden zu finden. Zuverlässigkeit und Beharrlichkeit gehören zu ihren beruflich einsetzbaren Tugenden, ihr Einfühlungsvermögen wird ebenso wie ihr logisches Denken in Ingenieur- und Planungsbüros geschätzt. In der Rolle der Vorreiter, Chefs und Erneuerer wird man Ziegen dagegen seltener finden.

Die Besorgnis, einmal nicht genug Geld zu haben, ist für Ziegen ein Anlass, mit Geld sehr vorsichtig umzugehen. Im Zweifelsfall drehen sie jeden Cent dreimal um, aber nicht aus ziellosem Geiz, sondern einfach aus Angst vor der Zukunft. Haushaltskasse und Familienkonto sind in der Hand einer Ziege bestens aufgehoben, zum Finanzjongleur fehlt ihr der Mut. Die Folge dieses eher zurückhaltenden Umgangs mit Geld ist, dass es der Familie einer Ziege selten an Geld fehlt.

Die Ziege in ihren Elementen

Die Metall-Ziege

Metall-Ziegen (Jahrgänge 1931, 1991) sind besonders entschlossene Ziegen. Sie wissen in aller Regel, was sie wollen, und das ist bekanntlich der Schlüssel zum Erfolg einer Ziege. Deswegen treten Metall-Ziegen auch deutlich selbstsicherer auf als ihre Ziege-Brüder und -Schwestern. Im Beruf lassen sie so schnell keinen Konkurrenten an sich vorbeiziehen und so kommen sie eher früher als später auch in der Chefetage an. Die tiefe Wahrheit des Sprichworts „Die Welt tritt zur Seite, um jeden vorbeizulassen, der weiß, wohin er will" ist bei diesem Vertreter des Tierkreises besonders gut zu beobachten.

Ziegen gehören im chinesischen Tierkreis zu den Vertretern des Prinzips Yin. Gepaart mit dem Element Metall ergibt sich immer der Himmelsstamm Xin, das Tierkreiszeichen heißt somit Xin-wei. In diesem Zeichen verbindet sich die weibliche Qualität der Ziege in besonderem Ausmaß mit Durchsetzungsfähigkeit und Gestaltungswillen. Über Metall-Ziegen fährt man deshalb lieber nicht drüber. Das mögen sie nämlich ganz und gar nicht.

Im Gegenteil, sind es doch eher diese Vertreter des Tierkreises, die auch im privaten Umfeld ihren Lieben sagen, wo es langgeht. Ihre mitunter etwas diktatorische Art ist zwar nicht jedermanns Sache. Aber mit der Zeit kommen die meisten Menschen darauf, dass man sich dieser Ziege ruhig anvertrauen kann. Sie ist pragmatisch und sorgt dafür, dass alle ein Leben in Frieden und ausreichendem Wohlstand führen können. Nur manchmal braucht sie einen korrigierenden Hinweis von ihren Liebsten. Dann nämlich, wenn sie sich in einer fixen Idee verrennt und sich das Leben damit unnötig schwer macht. Den sollte man allerdings in viel liebevoller Zuwendung verpacken, damit sie ihn akzeptieren kann.

 水

Die Wasser-Ziege

Die Wasser-Ziege (Jahrgänge 1943, 2003) wird alles tun, um die Klippen des Lebens zu umschiffen, Streit zu vermeiden und ihr Leben ohne Probleme zu leben. Sie ist besonders einfühlsam und beobachtet ihre Umgebung gleichzeitig sehr genau. Aufgrund ihrer emotionalen und sozialen Kompetenz ist sie besonders gut in der Lage, ihre Finger auf die „Wunden" ihres Gegenübers zu legen. Sie ist eine gute und einfühlsame Zuhörerin und begehrte Ratgeberin. Bei Verhandlungen spürt sie instinktiv, welche „Leichen" ihr Gegner im Keller liegen hat. Dieses Wissen nutzt sie schonungslos aus, allerdings geht sie auch dabei nicht auf Konfrontation, sondern belässt es bei Andeutungen oder spielt anderen die relevanten Informationen zu. Das macht sie zu einer gefährlicheren Gegnerin, als das ursprünglich den Eindruck macht.

Wasser-Ziegen gehören zum Himmelsstamm Gui, das korrekte Tierkreiszeichen heißt Gui-wei. Nicht nur bei der Durchsetzung ihrer beruflichen Interessen weiß die Wasser-Ziege, wie sie sich anderer Menschen bedienen kann. Auch privat schart sie einen Kreis von Leuten um sich, die ihr all die unangenehmen Dinge im Leben abnehmen. Sie ist meist sehr attraktiv, wirkt viel gescheiter, als sie tatsächlich ist, und ihre Fans hängen an ihren Lippen. Veränderungen steht sie mit großem

Misstrauen gegenüber – sie könnten ja ihr wohlgeordnetes Leben in Bewegung bringen! Ansonsten ist sie ein verträglicher, allgemein beliebter Zeitgenosse, der sich auf seine ruhige, mitunter leicht intrigante Art vom Leben holt, was er glaubt zu brauchen.

木

Die Holz-Ziege

Die Holz-Ziege (Jahrgang 1955) ist die mit Abstand am sozialsten orientierte Vertreterin der Ziegen-Familie. Bereitwillig leiht sie ihr Ohr den Menschen in ihrer Umgebung und es ist nicht schwer, ihr Mitleid zu erregen. Wobei sie es nicht mit dem Mitleiden bewenden lässt. Sie sucht gleich nach Auswegen, bietet Unterstützung an und hilft ihren Mitmenschen unermüdlich auf deren Lebensweg weiter.

Manchmal haben Außenstehende fast schon das Gefühl, dass Holz-Ziegen ihr Leben über den Umweg ihrer Schutzbefohlenen leben. Und denen ist das Engagement dieser Ziege daher auch oft zu viel. Bei aller guten Absicht erdrückt sie die Menschen, deren Wohl ihr so am Herzen liegt. Andererseits sorgt sie aber auch mit unermüdlichem Eifer für deren Wohlergehen. Und so wälzt sie zeit ihres Lebens einen Berg sozialer Verantwortungen vor sich her, der andere Menschen schier erdrücken würde.

Erstaunlicherweise hat die Holz-Ziege (Yi-wei) aber immer wieder die Energie und das Geld, all ihren sozialen Verpflichtungen nachzukommen.

Übrigens empfiehlt es sich nicht, auf die Idee zu kommen, die Hilfsbereitschaft und das Mitgefühl der Holz-Ziege auszunutzen. Sie ist nämlich nicht dumm und durchschaut solche

Versuche schnell. Dann dreht sie den Spieß blitzschnell um und spannt den potenziellen Schmarotzer vor den eigenen Karren. Ehe er sich versieht, ist er selber in die karitativen und sozialen Projekte der Holz-Ziege einbezogen und sorgt selber dafür, dass es anderen besser geht. Das nötigt der Umgebung letztlich mehr Respekt ab als das Engagement der Holz-Ziege selber.

 火

Die Feuer-Ziege

Die Feuer-Ziege (Jahrgänge 1907, 1967) ist eine sehr widersprüchliche Mischung. Denn im Grunde ist das heftige, verzehrende Feuer der Ziege wesensfremd. Mehr noch, fürchtet sie sich doch vor der konfrontativen Kraft, die das Feuer in sich birgt. Daher gehen Ziegen diesem Element wenn möglich aus dem Weg. Aber in diesem Fall ist es nicht möglich.

Feuer-Ziegen (Ding-wei) sind heftiger als andere Ziegen; sie scheuen weniger konsequent die Auseinandersetzung; und sie sagen vergleichsweise klar, was sie wollen und was sie ablehnen. Kompromisse gehen sie kaum ein. Sie suchen aber auch nicht die Lösung über Dritte, indem sie ihnen – wie die Wasser-Ziege – Informationen zuspielen.

Feuer-Ziegen scheuen jedenfalls so gut wie nie das offene Wort. Ihre Werte sind ihnen wichtig und dafür steigen sie auch in den Ring. Wer einmal mit ihren Hörnern Bekanntschaft gemacht hat, ist von dem Irrglauben, alle Ziegen seien friedliche Geschöpfe, gründlich geheilt. Solange es aber nach dem Kopf der Feuer-Ziege geht, ist sie ein verträglicher Zeitgenosse. Sie sorgt dafür, dass alle zu ihrem Recht kommen und genug für ein zufriedenes Leben haben.

Laufen die Dinge dagegen nicht so, wie sie sich das vorstellt, sind alle anderen schuld an ihrem Unglück. Feuer-Ziegen – das darf man sich ein für allemal merken – tragen nie die Verantwortung dafür, wenn etwas nicht nach Plan verläuft. Statt das Ergebnis irgendwie zu retten, sind sie lieber auf Gott und die Welt böse und verschleudern ihre Energie in unproduktiven Schuldzuweisungen.

Da ihr außerdem ein gerüttelt Maß an Dramatik zu eigen ist, verstrickt sie gutgläubige Zeitgenossen noch in ihren sinnlosen Feldzug. Und zieht sich schlussendlich verbittert über die Ungerechtigkeit dieser Welt in ihren Schmollwinkel zurück, ohne sich bei ihren Mitstreitern zu bedanken.

Bei der Feuer-Ziege tritt die wahre Tragik dieses Tierkreiszeichens leider besonders deutlich in Erscheinung. Alle Partner, die der Ziege erstrebenswert erscheinen, machen um sie einen Bogen. Und all jene, die sich von ihr angezogen fühlen, mag wiederum die Ziege nicht. Gelingt es trotzdem einmal, den Kreis der subjektiven Wahrnehmung der Feuer-Ziege zu durchbrechen und mit ihr eine gemeinsame Sicht der Dinge zu entwickeln, bekommt man einen zuverlässigen, beständigen und treuen Partner.

土

Die Erd-Ziege

Im Gegensatz zum vorherigen, zickigsten Vertreter der Ziegen-Familie legt die Erd-Ziege (Jahrgänge 1919, 1979) ein vergleichsweise leicht zu berechnendes Tempo vor. Sie ist der stetige, schwere Arbeiter unter den Tieren des chinesischen Horoskops. Sie schont sich nicht, um zu erreichen, was sie will. Und dazu gehört ihrer Ansicht nach ein gewisser Luxus, der das

Leben erst lebenswert macht. Grundsätzlich optimistischer Natur, arbeitet sie für die Zukunft und ist dabei überzeugt, dass sie etwas zum Guten bewirken kann.

Erd-Ziegen (Ji-wei) haben nur einen echten Haken für ihre Partner. Fühlen sie sich ungeliebt oder zu wenig geschätzt – und das kommt bei allen Ziegen leider recht leicht vor –, dann ziehen sie sich in ihre Arbeit zurück, werden wortkarg und kapseln sich ab. Sie aus diesem Eck wieder herauszulocken, kostet die Umgebung viel Mühe und noch viel bessere Nerven.

Trotzdem sind Erd-Ziegen um einiges weniger launisch als ihre Artgenossen. Sie bewegen sich zwar recht langsam durchs Leben, sind dabei aber wohltuend berechenbar und beständig. Im Beruf haben sie ein gutes Auge fürs Detail und auch im Privatleben setzen sie sich sehr viel mehr mit den individuellen Bedürfnissen ihrer Umgebung auseinander als viele andere Vertreter des Tierkreises. Sie sind ganz besonders pflichtbewusst und sorgen akribisch dafür, dass alles, was sie versprechen, auch von ihnen gehalten wird. Meckern tut sie erst sehr spät – das dafür umso heftiger. Vielleicht ist sogar das ihr größter Fehler. Denn für andere macht sie es damit besonders schwer, gegenzusteuern, wenn ihr etwas nicht passt.

Die Ziege und die Liebe

Verantwortungsbewusstsein, Fürsorge und solide Finanzen: Ziegen erfüllen so gut wie alle klassischen Kriterien idealer Familienmenschen. Wie tragisch, dass sich die Ziege in Wahrheit alleine viel wohler fühlt als in größeren Gemeinschaften. In Beziehungen oder in Gruppen hat sie oft das Gefühl, als minderwertig abgelehnt zu werden. Außerdem erscheinen ihr die zwischenmenschlichen Beziehungen oft so komplex, dass sie verwirrt die Orientierung verliert und beginnt, sich sozial unangemessen zu verhalten. Oft haben Beobachter das Gefühl, dass Ziegen wie Don Quichotte gegen unsichtbare Gegner kämpfen, die außer ihnen niemand sonst wahrnehmen kann. Und da Angriff nicht immer die beste Form der Verteidigung ist – erst recht nicht, wenn es gar nichts zu verteidigen gibt –, kommen sie in den Ruf, zickig und unberechenbar zu sein.

Und noch eine grundsätzlich positive Eigenschaft macht Ziegen mitunter zu schwierigen Partnern. Sie sind zur Stelle, wenn sie gebraucht werden. Dabei helfen und unterstützen sie allerdings nicht nur dort, wo es angebracht ist, sondern überschreiten auch gerne die Grenze der Selbstverantwortung ihres Gegenübers. Für Ziegen ist das ganz selbstverständlich, denn sie glauben ganz genau zu wissen, was gut und richtig für ihre Umgebung ist. Das hat nicht jeder besonders gern. Und so erleben Ziegen immer wieder, dass sie bei all ihrem ehrlichen Bemühen von ihren Mitmenschen zurückgewiesen werden, ohne dass sie eine Ahnung hätten, warum dies so ist.

Ganz besonders tragisch ist der Umstand, dass Ziegen so viele erstrebenswerte Partner in ihrem Umfeld entdecken: Sie sehnen sich nach der harmonischen Nähe mit Hasen, fühlen sich vom schillernden Drachen angezogen und entdecken auch bei der geheimnisvollen Schlange und dem selbstbewussten Pferd anziehende Seiten. Selbst der neckische Affe und der eitle Hahn sind durchaus nach Ziegen-Geschmack. Aber kein einziges dieser Tierkreiszeichen sieht auch in der Ziege einen wünschenswerten Partner.

Dafür fühlen sich Ratte, Büffel und Tiger von der Ziege angezogen. Annäherungsversuchen des Büffels steht die Ziege zumindest neutral gegenüber, aber Ratte und Tiger sind echte Schreckenspartner für die Ziege. Und solche Unvereinbarkeiten machen die Suche nach einem Partner natürlich schwer.

Die elegante Ziege-Frau

Ziege-Frauen sind in aller Regel elegante Erscheinungen. Mit einem geschickten Händchen für die Mode sorgen sie dafür, dass sie auffallend gepflegt und gut gekleidet durchs Leben gehen. Sie strahlen jene gewisse Form von Eleganz aus, die zwar unübersehbar ist, aber nie aufdringlich oder deplaziert wirkt. In ihrem Auftreten verbinden sie ein hohes Maß an Vitalität mit einer gewissen Schüchternheit, eine Mischung, die sie für viele Männer sehr attraktiv macht.

Mit der Zeit nutzt sich diese Attraktion allerdings ab, vor allem, wenn die Ziege es mit der Schüchternheit und den Selbstzweifeln übertreibt. Sie ist eine Partnerin, die immer wieder hören will, wie sehr er sie liebt und wunderbar sie ist. Gerät sie an einen Partner, der der Meinung ist, einmal gesagt reicht für alle Zeiten, wird sie nicht nur unleidlich, sondern steigert sich noch zusätzlich in Minderwertigkeitskomplexe hinein.

Grundsätzlich gehört die Ziege zu jener Sorte Frau, die immer und überall das Gefühl haben muss, die Nummer 1 im Leben ihres Partners zu sein. Sie neigt nicht nur zu Eifersuchtsanfällen, wenn andere Frauen in seinem Leben als Freundinnen oder Kolleginnen eine Rolle spielen. Sie wird auch auf seinen Beruf oder sein Hobby eifersüchtig.

Auch im Beruf oder in ihrer Rolle als Mutter haben Ziegen schnell das Gefühl, den Anforderungen nicht gewachsen zu sein. Mit einem liebevollen Partner und guten Freunden, die ihnen gut zureden und ihnen immer wieder den Rücken stärken, können sie diese Selbstzweifel zwar beherrschen. Ganz loswerden kann sie das Gefühl der eigenen Unzulänglichkeit aber nie. Was die Umgebung dabei besonders strapaziert, ist das Auseinanderklaffen von Selbstbild und Fremdbild.

Während sich die Ziege in lauten Klagen über die eigenen Mängel ergeht, sieht die Umgebung eine elegante, tatkräftige und praktisch veranlagte Frau, die eigentlich alle Voraussetzungen mitbringt, ihr Leben erfolgreich zu gestalten. Doch das gute Zureden lohnt sich; fasst die Ziege Zutrauen zu sich selbst, dann ist sie wirklich erfolgreich und geht ihren Weg ohne ernste Schwierigkeiten. Sie ist dabei nur immer wieder von der Bestätigung anderer abhängig.

Als Geliebte ist die Ziege ebenso romantisch wie sinnlich veranlagt. Sie liebt intensiv, verlangt diese Intensität aber auch von ihrem Partner. Bekommt sie in ihren Augen zu wenig Zuwendung, geht sie. Wird sie verlassen, leidet sie. Und fasst nur sehr zögernd wieder so viel Zutrauen, dass sie einen neuen Beziehungsversuch wagt.

Der sensible Ziege-Mann

Der Ziege-Mann ist ein rechtschaffener Zeitgenosse, der seine (kurzfristigen) Ziele mit viel Energie und großer Selbstdisziplin ansteuert. Die besten Ergebnisse erzielt er, wenn er viel Lob und Anerkennung für seinen Arbeitseinsatz erntet. Er ist hartnäckig und einsatzbereit, gleichzeitig aber oft auch sehr sensibel und emotional. Bekommt er den Eindruck, dass seine Umgebung leichtfertig über für ihn wichtige Details hinweggeht, bekommt man seine Hörner schmerzhaft zu spüren. Dann wirkt der sonst so friedliche Zeitgenosse dickköpfig und streitsüchtig. Die immer wieder aufwallenden Emotionen versehen ihn darüber hinaus mit dem Ruf, launisch zu sein; das schadet dann oft seiner Karriere.

Als Partner und Familienvater sind Ziegen zärtlich und fürsorglich. Er braucht ein harmonisches Heim, in dem er sich wohlfühlen und seine Batterien aufladen kann. Allerdings will er, dass alles nach seinem Kopf geht. Er hat einen ausgeprägten Sinn für Werte und verlangt von Frau und Kindern, dass sie die gleichen Werte anerkennen. In der Pubertät sind damit Probleme programmiert. Aber auch wenn die Frau beginnt, sich aus seiner Dominanz zu emanzipieren, reagiert er sauer und unwirsch. Statt laut zu streiten, zieht er sich mürrisch in sich zurück und stört damit jene Harmonie, die ihm eigentlich so wichtig wäre und die er mit seinem Verhalten im Grunde schützen will.

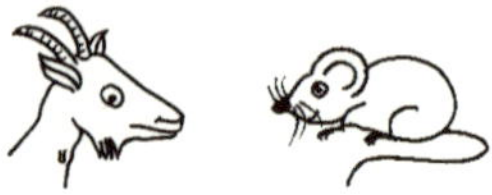

Ziege mit Ratte

Die Ziege ist mit ihrer sanften, einfühlsamen Art ein angenehmer Partner, den die Ratte gerne an ihrer Seite hätte. Die Ziege ist genügsam und dennoch von auffallend eleganter Erscheinung. Mit solch einem Partner an ihrer Seite glaubt die Ratte, eine gute Figur zu machen. Die einzige kleine Kritik, die der Ratte in Bezug auf ihren Partner in den Sinn kommt, ist sein mangelnder Ehrgeiz und das fast völlige Fehlen hilfreicher Kontakte und Beziehungsnetze. Aber die schafft sich die Ratte zur Not auch selbst.

Die Ziege ist zuverlässig, arbeitswillig und anpassungsfähig. Und da sie Konflikten grundsätzlich aus dem Weg geht, gerät sie mit ihrem Ratten-Partner auch nicht so schnell in Streit. Es sei denn, sie bekommt die listige Zielstrebigkeit der Ratte in den falschen Hals. Erscheinen ihr die Aktionen ihres Ratten-Partners nämlich allzu ungerecht – und das kommt leider recht häufig vor –, dann beginnt die Ziege kräftig zu zicken. Der Ratte imponiert das, weshalb sie die Beziehung jedenfalls positiv bewertet. Die Ziege leidet allerdings darunter und hat bald das Gefühl, in eine echte Beziehungshölle geraten zu sein.

Hinzu kommt, dass Ratten Selbstzweifel einfach nicht nachvollziehen können. Daher übersehen sie, wenn der Ziege-Partner an ihrer Seite immer wieder Worte der Bestätigung und der Ermunterung benötigt. Da Ziegen aber kaum in der Lage sind, ihre Bedürfnisse klar auszusprechen, verrennen sich die beiden in missmutigem Nicht-Verstehen.

Betrachten wir nun die Ziege-Ratte-Paarung unter Berücksichtigung der Elemente, dann ergeben sich folgende noch am ehesten Erfolg versprechende Paarungen, die aufgrund des vergleichsweise geringen Altersunterschiedes trotz der heftigen Bedenken der Ziege in der Realität häufiger anzutreffen sind:

- Die Feuer-Ziege (1907, 1967) profitiert besonders von Holz-Ratten (1924, 1984) und Wasser-Ratten (1912, 1972), mit Feuer-Ratten (1936, 1996) ist die Prognose neutral. Vorsicht, die Beziehungen lassen sich bis auf die letzte nicht umkehren, und zwar in diesem Fall ebenso wenig wie in allen folgenden. Sehen wir uns aber als Beispiel diese Kombination genauer an: Holz-Ratten werden von der Energie der Feuer-Ziege ausgebrannt. Und auch für die Wasser-Ratten ist diese Konstellation ziemlich anstrengend.
- Die Erd-Ziege (1919, 1979) profitiert am ehesten von Feuer-Ratten (1936, 1996) und Holz-Ratten (1924, 1984). Gemeinsam mit einer Erd-Ratte macht sie es sich noch halbwegs gemütlich.
- Die Metall-Ziege (1931, 1991) profitiert am ehesten von Erd-Ratten (1948) und Feuer-Ratten (1936, 1996). Gemeinsam mit einer Metall-Ratte (1900, 1960) stehen die Chancen neutral.
- Die Wasser-Ziege (1943, 2003) profitiert am ehesten von Metall-Ratten (1900, 1960) und Erd-Ratten (1948). Gemeinsam mit einer Wasser-Ratte (1912, 1972) ist die Beziehung ausgewogen.

- Die Holz-Ziege (1955) profitiert schließlich am ehesten von Wasser-Ratten (1912, 1972) und Metall-Ratten (1900, 1960). Gemeinsam mit einer Holz-Ratte (1924, 1984) ist die Prognose neutral.

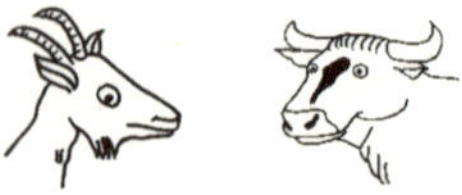

Ziege mit Büffel

Den Büffel verbindet mit der Ziege die Sehnsucht nach romantischer Liebe. In der Ziege mit ihrer Sanftheit und ihrer liebevollen, zärtlichen Art findet der Büffel endlich jenen Partner, für den sich sein Arbeitseinsatz zu lohnen scheint. Mit ihr wird er dann auch tatsächlich glücklich, auch wenn die Beziehung aus Sicht der Ziege nur neutral zu bewerten ist.

Büffel sehen vor allem die angenehmen Seiten der Ziege. Vor allem ist sie friedlich, was seinem Hang, Konflikten aus dem Weg zu gehen, durchaus entgegenkommt. Meckert sie dann doch einmal herum und versucht, ihre Hörner mit ihm zu wetzen, sieht er großzügig darüber hinweg und geht ihr ein paar Tage aus dem Weg. Danach ist wieder alles beim Alten – und das weiß er zu schätzen. Sie sieht das ein wenig anders, denn sie hat ja nicht ohne Grund aufbegehrt. Aber zu Grundsatzdiskussionen wird sie es dennoch kaum kommen lassen. Immerhin gibt ihr der große Partner an ihrer Seite viel Sicherheit und Beständigkeit.

Und es gibt noch weitere, Erfolg versprechende Aspekte in dieser Beziehung: So kann der Büffel, der sich gutmütig vor den Karren anderer Menschen spannen lässt, in den Augen der Ziege zum Helden werden; vorausgesetzt, sein Engagement passt in ihren Traum von sozialer Gerechtigkeit. Und so leben und arbeiten die beiden vermutlich viele Jahre friedlich nebeneinander, ohne sich dabei großartig in die Quere zu kommen. Jeder hat seinen Aufgabenbereich, für den er verantwortlich ist und den er zuverlässig erfüllt. Dass dabei die ganz großen Erfolge vermutlich ausbleiben, fällt beiden nicht auf. Was letztlich eines der möglichen Rezepte für Zufriedenheit ist.

Betrachtet man die Ziege-Büffel-Paarung unter Berücksichtigung der Elemente, dann ergeben sich folgende besonders Erfolg versprechende Beziehungen, wobei sie aufgrund des relativ geringen Altersunterschiedes auch tatsächlich in der Praxis anzutreffen sind:

- Die Feuer-Ziege (1907, 1967) profitiert besonders von Holz-Büffeln (1925, 1985) und Wasser-Büffeln (1913, 1973). Auch die Partnerschaft mit einem Feuer-Büffel (1937, 1997) hat erfreuliche Vorzeichen, allerdings müssen die beiden darauf achten, dass sie sich nicht in fixe Ideen verrennen.
- Die Erd-Ziege (1919, 1979) profitiert besonders von Feuer-Büffeln (1937, 1997) und Holz-Büffeln (1925, 1985). Gemeinsam mit einem Erd-Büffel (1949) sind die Chancen zumindest neutral.
- Die Metall-Ziege (1931, 1991) profitiert besonders von Erd-Büffeln (1949) und Feuer-Büffeln (1937, 1997). Gemeinsam mit einem Metall-Büffel (1901, 1961) sind die Chancen neutral.
- Die Wasser-Ziege (1943, 2003) profitiert besonders von Metall-Büffeln (1901, 1961) und Erd-Büffeln (1949). Gemeinsam mit einem Wasser-Büffel (1913, 1973) sind die Chancen zumindest neutral.
- Die Holz-Ziege (1955) profitiert schließlich besonders von Wasser-Büffeln (1913, 1973) und Metall-Büffeln (1901, 1961). Gemeinsam mit einem Holz-Büffel (1925, 1985) sind die Chancen zumindest neutral.

Ziege mit Tiger

Die Ziege ist für den Tiger ein attraktiver Partner, wenngleich sie lieber die Flucht ergreifen würde. Ähnlich wie beim Hasen gefällt dem Tiger an der Ziege ihr im Grunde friedliches, zur Unterordnung bereites Wesen. Dass sie ab und zu zickig wird und sich mit Hörnern, Zähnen und Hufen durchzusetzen versucht, stört ihn dabei kaum. Empfindet er das doch eher als nette Abwechslung, die das Leben mit diesem Partner nie langweilig werden lässt.

Was der Tiger dabei übersieht, ist der Umstand, dass die Ziege anders als er unter diesen Streitigkeiten tatsächlich leidet. Ihr wäre ein friedliches Miteinander, in dem nie ein böses Wort fällt, am allerliebsten. Aber dafür ist der Tiger mit seinem sportlichen Zugang zum Streit nun einmal nicht geschaffen. Außerdem fühlt sich die Ziege von seiner Verwegenheit und der ständigen Initiative, die dieser Partner entwickelt, überfordert. Sie bevorzugt es, morgens bereits sagen zu können, was der Tag bringt. Und auch das ist ihr an der Seite eines Tigers nicht beschieden.

Aber kehren wir zur erfreulicheren Perspektive des Tigers zurück. Er fühlt sich von der Ziege optimal unterstützt, scheint sie seine Bedürfnisse doch zu erahnen und zu erfüllen, noch bevor er sie richtig ausgesprochen hat. Außerdem nimmt sie ihm all die Dinge ab, die er nicht gerne macht, die aber im Alltagsleben unausweichlich sind.

Da sie ihn darüber hinaus ausreichend bewundert und bereit ist, seine Liebschaften so lange zu übersehen, wie er sie diskret verdeckt, fühlt er sich in der Beziehung rundherum wohl. Wenn sie dann eines Tages verschwindet, weil sie die

Situation nicht mehr erträgt, ist er wie vom Donner gerührt und versteht die Welt nicht mehr.

Betrachtet man die Ziege-Tiger-Paarung unter Berücksichtigung der Elemente, dann ergeben sich folgende Erfolg versprechende Beziehungen – einige davon kommen aufgrund des geringen Altersabstandes auch trotz der Bedenken der Ziege in der Praxis wirklich vor:

- Die Feuer-Ziege (1907, 1967) profitiert besonders von Holz-Tigern (1914, 1974) und Wasser-Tigern (1902, 1962). Die Partnerschaft mit einem Feuer-Tiger (1926, 1986) enthält reichlich Sprengstoff, kann aber dennoch gut gehen, wenn es beiden gelingt, ein wenig Toleranz zu üben.
- Die Erd-Ziege (1919, 1979) profitiert besonders von Feuer-Tigern (1926, 1986) und Holz-Tigern (1914, 1974). Gemeinsam mit einem Erd-Tiger (1938, 1998) sind die Chancen zumindest neutral.
- Die Metall-Ziege (1931, 1991) profitiert besonders von Erd-Tigern (1938, 1998) und Feuer-Tigern (1926, 1986). Gemeinsam mit einem Metall-Tiger (1950) sind die Chancen neutral.
- Die Wasser-Ziege (1943, 2003) profitiert besonders von Metall-Tigern (1950) und Erd-Tigern (1938, 1998). Gemeinsam mit einem Wasser-Tiger (1902, 1962) sind die Chancen zumindest neutral.
- Die Holz-Ziege (1955) profitiert schließlich besonders von Wasser-Tigern (1902, 1962) und Metall-Tigern (1950). Gemeinsam mit einem Holz-Tiger (1914, 1974) sind die Chancen zumindest neutral.

Ziege mit Hase

Auf den ersten Blick ist die Ziege für den Hasen der ideale Partner. Hier treffen zwei harmoniebedürftige, aber starke Charaktere aufeinander, die sich ganz ohne Anstrengung verstehen sollten. Der Hase braucht sich nicht bewusst zurückzunehmen und kann sich in einer solchen Beziehung optimal entfalten, und der Ziege geht es ganz genauso.

Im Gegensatz zum Hasen weiß die Ziege das wenigstens zu schätzen. Sie mag an ihrem Partner seine Einsatzbereitschaft für seine Ideale. Und hat er gerade wieder einmal einen Anfall in Sachen Selbstbezogenheit, dann verzeiht sie ihm das, weil sie an die eigenen Bocksprünge denkt, sobald etwas nicht nach ihrem Kopf geht.

Der Hase ignoriert dagegen die Qualitäten der Ziege weitgehend. Sie erscheint ihm zu unerotisch. Ihr Meckern geht ihm auf die Nerven. Und wenn sie wieder einmal mit dem Kopf durch die Wand will, verliert der geborene Diplomat seine Geduld. Zumal er mit der Ziege an seiner Seite ständig Angst hat, sie könnte bei der Verteidigung ihres Harmoniebedürfnisses Streit anfangen.

Auch erotisch hat die Ziege nicht viel zu bieten, ihre Selbstzweifel sind so gar nicht nach seinem Geschmack. Und wenn sie dann wieder einmal das Bedürfnis hat, alles allein zu machen, zweifelt er an ihrer Liebe. Und so herrscht Unverständnis, wo eigentlich Harmonie sein könnte. Verstehe das, wer will ... Wenn die beiden doch noch eine Chance haben wollen, muss der Hase lernen zu begreifen, welche Vorteile ihm die Strukturiertheit seiner Partnerin verschafft. Und die Ziege muss ihrerseits dem Hasen etwas mehr Freiraum einräumen.

Betrachtet man die Ziege-Hase-Paarung unter Berücksichtigung der Elemente, dann ergeben sich folgende tendenziell Erfolg versprechende Beziehungen – wobei klar ist, dass diese Idealkombinationen in der Realität schon wegen des großen Altersunterschiedes zwischen den Partnern nicht vorkommen werden.

- Die Feuer-Ziege (1907, 1967) profitiert besonders von einem Holz-Hasen (1915, 1975) oder einem Wasser-Hasen (1903, 1963). Die Partnerschaft mit einem Feuer-Hasen ist zumindest neutral.
- Die Erd-Ziege (1919, 1979) profitiert besonders von Feuer-Hasen (1927, 1987) und Holz-Hasen (1915, 1975). Mit einem Erd-Hasen (1939, 1999) sind die Chancen zumindest neutral.
- Die Metall-Ziege (1931, 1991) profitiert besonders von Erd-Hasen (1939, 1999) und Feuer-Hasen (1927, 1997). Mit einem Metall-Hasen (1951) sind die Chancen neutral.
- Die Wasser-Ziege (1943, 2003) profitiert besonders von Metall-Hasen (1951) und Erd-Hasen (1939, 1999). Gemeinsam mit einem Wasser-Hasen (1903, 1963) sind die Chancen zumindest neutral.
- Die Holz-Ziege (1955) profitiert schließlich besonders von Wasser-Hasen (1903, 1963) und Metall-Hasen (1951). Mit einem Holz-Hasen (1915, 1975) sind die Chancen zumindest neutral.

Ziege mit Drache

Wie so viele andere steht auch die Ziege beim Drachen Schlange, weil sie ihn für einen wünschenswerten Partner hält. Sein Charisma wirkt eben auch auf ansonsten eher spröde

Geschöpfe. Macht und Geld tragen das Ihre zu seinem Sexappeal bei. Allerdings muss die Ziege den Drachen erst dazu bringen, dass er sie wahrnimmt. Und das ist zunächst gar nicht so einfach. Denn im Grunde ist der Drache an der Ziege nicht sonderlich interessiert. Sie ist weder eine anregende Gesprächspartnerin noch eine charismatische Erscheinung. Ganz im Geheimen wirft er ihr sogar vor, schwach zu sein. Interpretiert er doch ihr Gemecker ganz richtig als Ausdruck ihrer Selbstzweifel und ihrer Hilflosigkeit.

Dabei wäre die Ziege eine gute Partnerin für den Drachen. An sich bringt sie alle notwendigen Voraussetzungen mit, um ihn aus seiner gelegentlichen distanzierten Zurückgezogenheit zu holen. Ihre Einfühlsamkeit ist dabei zwar in hohem Maße gefordert, aber was zählt, ist das Ergebnis. Vielleicht widerstrebt der Drache aber aus genau diesem Grund. Lässt er sich doch nicht gerne aus seiner Höhle locken, wenn er sich dort einmal verkrochen hat. Ein greifbarer Erfolg wäre da schon viel angebrachter als einfühlsame Ziegenworte, um ihn aus seiner selbstgewählten Verbannung zu holen. Aber den hat die Ziege nur in den seltensten Fällen zu bieten.

Betrachtet man die Ziege-Drache-Paarung unter Berücksichtigung der Elemente, dann ergeben sich folgende tendenziell Erfolg versprechende Beziehungen, die aufgrund des geringen Altersabstandes trotz der Bedenken des Drachen auch tatsächlich vorkommen:

- Die Feuer-Ziege (1907, 1967) profitiert besonders von Holz-Drachen (1904, 1964) und Wasser-Drachen (1952). Die Partnerschaft mit einem Feuer-Drachen (1916, 1976) ist aus Sicht der Ziege noch immer gut.
- Die Erd-Ziege (1919, 1979) profitiert besonders von Feuer-Drachen (1916, 1976) und Holz-Drachen (1904, 1964). Gemeinsam mit einem Erd-Drachen (1928, 1988) sind die Chancen ebenfalls gut.

- Die Metall-Ziege (1931, 1991) profitiert besonders von Erd-Drachen (1928, 1988) und Feuer-Drachen (1916, 1976). Gemeinsam mit einem Metall-Drachen (1940, 2000) sind die Chancen ebenfalls gut.
- Die Wasser-Ziege (1943, 2003) profitiert besonders von Metall-Drachen (1940, 2000) und Erd-Drachen (1928, 1988). Gemeinsam mit einem Wasser-Drachen (1952) sind die Chancen ebenfalls gut.
- Die Holz-Ziege (1955) profitiert schließlich besonders von Wasser-Drachen (1952) und Metall-Drachen (1940, 2000). Gemeinsam mit einem Holz-Drachen (1904, 1964) sind die Chancen ebenfalls gut.

Ziege mit Schlange

Die Schlange ist für eine Ziege eine attraktive Partnerin. Mit der Kombination aus geistiger Potenz und emotionaler Tiefgründigkeit, die die Schlange auszeichnet, fühlt sich die Ziege geschätzt und verstanden. Außerdem begegnet ihr in der Schlange ein Wesen, das ebenso viel Freude an Harmonie und Schönheit hat wie sie selber.

Für die Schlange sieht die Sache dagegen ganz anders aus. Für sie ist die Ziege ein lebendig gewordener Albtraum, den sie zurückweist, wo sie nur kann. Das Bedürfnis der Ziege nach Nähe beengt und das immer wieder aufblitzende Gemecker nervt sie. An ihrer Seite fühlt sich die Schlange auf eine eindeutige Rolle festgelegt, und das hält sie eben partout nicht aus. Außerdem irritiert sie das finanzielle Desinteresse der Ziege, die manchmal den Eindruck erweckt, als wäre ihr das Bankkonto des vom Leben gebeutelten Nachbarn wichtiger als das eigene. Lässt sich die Ziege dann auch noch selber gehen und versinkt in Selbstmitleid, ergreift die Schlange entsetzt die Flucht. Dabei wäre die Ziege gar keine so unmögliche Partnerin, wie die Schlange glaubt. Mit etwas Toleranz und Nachsicht – zu dem die Schlange grundsätzlich durchaus in der Lage wäre – könnte die Ziege eine angenehme Partnerin sein; zumal das Huftier der Schlange einige Sympathie entgegenbringt und sich gerne mit ihr zusammentun würde.

Aber die Schlange sieht nur den Wunsch nach Harmonie, der von der Ziege mit großer Vehemenz umgesetzt wird. Und da bekommt die Schlange es ganz einfach mit der Angst zu tun, weil sie fürchtet, keinen Raum für persönliche, manchmal auch schmerzhafte Entwicklungsschritte zu haben.

Betrachtet man die Ziege-Schlange-Paarung unter Berücksichtigung der Elemente, dann ergeben sich folgende tendenziell Erfolg versprechende Beziehungen – wobei einige Idealkombinationen im Alter noch immer so nah beieinander liegen, dass sie trotz der Bedenken der Schlange in der Praxis tatsächlich anzutreffen sind:

- Die Feuer-Ziege (1907, 1967) profitiert besonders von Holz-Schlangen (1905, 1965) und Wasser-Schlangen (1953). Die Partnerschaft mit einer Feuer-Schlange (1917, 1977) ist aus Sicht der Ziege noch immer gut.
- Die Erd-Ziege (1919, 1979) profitiert besonders von einer Feuer-Schlange (1917, 1977) und von einer Holz-Schlange (1905, 1965). Mit einer Erd-Schlange (1929, 1989) sind die Chancen neutral.
- Die Metall-Ziege (1931, 1991) profitiert besonders von Erd-Schlangen (1929, 1989) und Feuer-Schlangen (1917, 1977). Mit einer Metall-Schlange (1941, 2001) sind die Chancen neutral.
- Die Wasser-Ziege (1943, 2003) profitiert besonders von Metall-Schlangen (1941, 2001) und Erd-Schlangen (1929,

1989). Gemeinsam mit einer Wasser-Schlange (1953) sind die Chancen neutral.

- Die Holz-Ziege (1955) profitiert schließlich besonders von Wasser-Schlangen (1953) und Metall-Schlangen (1941, 2001). Gemeinsam mit einer Holz-Schlange (1905, 1965) sind die Chancen neutral.

Ziege mit Pferd

Die Ziege schätzt das Pferd sehr als potenziellen Partner und gibt sich entsprechend große Mühe, den starken, eleganten und durchsetzungskräftigen Gesellen von den eigenen Qualitäten zu überzeugen. Tragischerweise nimmt das Pferd die Ziege aber nur am Rande wahr. Zu groß sind die Verlockungen von unkomplizierten, lustigen oder schillernden Vertretern des Tierkreises, sodass die unter Selbstzweifeln leidende, mitunter recht schwierig wirkende Ziege keine rechten Chancen hat. Dabei wäre die Ziege keine gar so ungeeignete Partnerin, würde sie dem Pferd doch vorbehaltlos jene Bewunderung schenken, die es so gerne hat. Aber leider kommt es nicht so weit, weil das Pferd die Bewunderung des meckernden Zeitgenossen übersieht.

Die Ziege leidet unter solcher Zurückweisung; weiß sie doch um die wohltuenden Qualitäten des Pferdes. Sein Mut macht auch die Ziege tapfer, und sein Optimismus ist so ansteckend, dass die Ziege alle Sorgen vergisst. Funkt es dann trotz der anfänglichen Zurückhaltung des Pferdes, stellen die beiden recht schnell fest, dass ihre Motivation zu kämpfen eine diametral entgegengesetzte ist. Während das Pferd gerne ein wenig herumrangelt und mit seinem Partner aus Spaß Kräfte misst, käme die Ziege nie auf die Idee, aus Jux und Tollerei zu raufen. Bevor sie in den Ring steigt, überlegt sie es sich gut; und wenn sie es dann tut, meint sie es bitterernst. Alles in allem also keine günstigen Vorzeichen für eine dauerhafte Beziehung.

Betrachtet man die Ziege-Pferd-Paarung unter Berücksichtigung der Elemente, dann ergeben sich folgende am ehesten Erfolg versprechende Beziehungen – wobei einige günstige Konstellationen im Alter so weit voneinander entfernt sind, dass sie in der Praxis nur selten anzutreffen sind:

- Die Feuer-Ziege (1907, 1967) profitiert besonders von Holz-Pferd (1954) und Wasser-Pferd (1942, 2002). Die Partnerschaft mit einem Feuer-Pferd (1906, 1966) ist aus Sicht der Ziege neutral.
- Die Erd-Ziege (1919, 1979) profitiert besonders von Feuer-Pferden (1906, 1966) und Holz-Pferden (1954). Gemeinsam mit einem Erd-Pferd (1918, 1978) sind die Chancen neutral.
- Die Metall-Ziege (1931, 1991) profitiert besonders von Erd-Pferden (1918, 1978) und Feuer-Pferden (1906, 1966). Gemeinsam mit einem Metall-Pferd (1930, 1990) sind die Chancen neutral.
- Die Wasser-Ziege (1943, 2003) profitiert besonders von Metall-Pferden (1930, 1990) und Erd-Pferden (1918, 1978). Gemeinsam mit einem Wasser-Pferd (1942, 2002) sind die Chancen ebenfalls neutral.
- Die Holz-Ziege (1955) profitiert schließlich besonders von Wasser-Pferden (1942, 2002) und Metall-Pferden (1930, 1990). Gemeinsam mit einem Holz-Pferd (1954) sind die Chancen ebenfalls neutral.

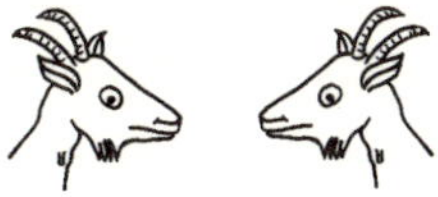

Ziege mit Ziege

Gleich und gleich gesellt sich gerne – aber was für viele Vertreter des Tierkreises seine Gültigkeit hat, stimmt für Ziegen nur in eingeschränkter Weise. Eigentlich sollten Ziegen glänzend miteinander auskommen, da sie ähnliche Ansprüche ans Leben stellen. Das sollte ihnen ermöglichen, sich ohne große Worte zu verstehen und am gleichen Lebensstrang zu ziehen. Leider überwiegt bei Ziegen aber die Wirkung des Spiegels, in den sie bei ihrem Partner sehen. Beide neigen zu Selbstzweifeln und Pessimismus und sind daher nur sehr eingeschränkt in der Lage, sich gegenseitig jene Bestätigung zu geben, die sie so dringend benötigen.

Daher ist die Prognose bei einer Ziege-Ziege-Paarung leider nur neutral. Berücksichtigt man allerdings den Umstand, dass Ziegen sich jene Tierkreiszeichen als Partner wünschen, die partout nicht mit ihnen können, und selbst jene zurückweisen, die um sie werben, stellt sich die Sache ein wenig anders dar. Denn damit ist die Ziege-Ziege-Paarung eine von zwei Konstellationen, bei denen beide die Beziehung zumindest neutral betrachten. Deutlich besser geht es nur mit dem Büffel, der aus Sicht der Ziege zwar auch nur ein neutral bewerteter Partner ist, der aber zumindest selbst mehr positive Energie einbringt.

Betrachtet man die Ziege-Ziege-Paarung unter Berücksichtigung der Elemente, dann ergeben sich folgende tendenziell Erfolg versprechende Beziehungen, wobei die Altersabstände der einzelnen Konstellationen so weit auseinanderliegen, dass diese Beziehungen in der Realität relativ selten anzutreffen sind. Doch erstens war und ist in der chinesischen Kultur ein großer Altersunterschied zwischen Ehepartnern ein weitaus geringeres Problem als bei uns. Und zweitens lassen sich diese Konstellationen auch auf die Beziehungen zwischen Eltern und Kindern, Vorgesetztem und Mitarbeitern oder auf andere soziale Partnerschaften übertragen:

- Die Feuer-Ziege (1907, 1967) profitiert besonders von Holz-Ziegen (1955) und Wasser-Ziegen (1943, 2003). Die Partnerschaft mit einer Feuer-Ziege (1907, 1967) ist noch immer gut, wenngleich das Verhältnis zwischen den beiden recht konfliktträchtig ist.
- Die Erd-Ziege (1919, 1979) profitiert besonders von Feuer-Ziegen (1907, 1967) und Holz-Ziegen (1955). Gemeinsam mit einer Erd-Ziege (1919, 1979) sind die Chancen ebenfalls gut.
- Die Metall-Ziege (1931, 1991) profitiert besonders von Erd-Ziegen (1919, 1979) und Feuer-Ziegen (1907, 1967). Gemeinsam mit einer Metall-Ziege (1931, 1991) sind die Chancen ebenfalls gut.
- Die Wasser-Ziege (1943, 2003) profitiert besonders von Metall-Ziegen (1931, 1991) und Erd-Ziegen (1919, 1979). Gemeinsam mit einer Wasser-Ziege (1943, 2003) sind die Chancen ebenfalls gut.
- Die Holz-Ziege (1955) profitiert schließlich besonders von Wasser-Ziegen (1943, 2003) und Metall-Ziegen (1931, 1991). Gemeinsam mit einer Holz-Ziege (1955) sind die Chancen ebenfalls gut.

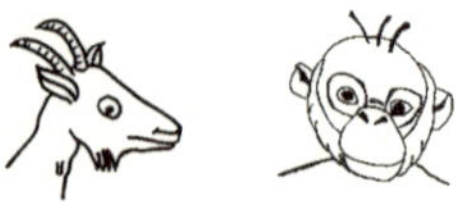

Ziege mit Affe

Ziegen fühlen sich von Affen magnetisch angezogen. Der lustige Geselle bringt sie zum Lachen und vertreibt so die Sorgenfalten zumindest kurzfristig von ihrer Stirn. Nach einiger Zeit versucht sie zwar, ihn zu etwas mehr Ernsthaftigkeit zu bewegen. Aber der Affe schüttelt all diese Versuche ab und macht weiter wie gewohnt. Die Ziege wäre durchaus bereit, dem charmanten Affen zu verzeihen. Nur leider fehlt ihr dazu häufig die Gelegenheit, weil sich ihr sprunghafter Partner längst aus dem Staub gemacht hat.

Affen sind ideenreich, neugierig und vielseitig. Und sie sind für jeden Spaß zu haben. Dafür setzen sie sich auch ohne großes Nachdenken über Regeln und Konventionen hinweg. Die Ziege versucht hingegen immer wieder, auf eine gewisse Ordnung zu pochen und den Affen in ihre Strukturen einzubeziehen. Was sie dabei übersieht, ist der Umstand, dass sich hinter seinem lachenden Gesicht längst eine Menge Ärger aufgestaut hat. Anfangs genießt er vielleicht die sanfte, liebevolle und fürsorgliche Art der Ziege. Nach kurzer Zeit geht sie ihm mit ihrem Drang nach Ordnung nur noch auf die Nerven.

Beginnt sie dann auch noch, sich in Selbstzweifeln zu ergehen und ihn mit ihren Zukunftsängsten zu belasten, wird sie in seinen Augen vollends lächerlich und er sucht schleunigst das Weite. Sie bleibt leidend zurück und bekommt in ihren Augen wieder einmal bestätigt, wie schlecht die Welt ist.

Betrachtet man die Ziege-Affe-Paarung unter Berücksichtigung der Elemente, dann ergeben sich folgende für die Ziege günstige Beziehungen – wobei bei einigen Konstellationen der Altersunterschied so groß ist, dass es allein aus diesem Grund günstigere Kombinationen gibt:

- Die Feuer-Ziege (1907, 1967) profitiert besonders von Holz-Affen (1944, 2004) und Wasser-Affen (1932, 1992). Die Partnerschaft mit einem Feuer-Affen (1956) ist aus Sicht der Ziege neutral.
- Die Erd-Ziege (1919, 1979) profitiert besonders von Feuer-Affen (1956) und Holz-Affen (1944, 2004). Gemeinsam mit

einem Erd-Affen (1908, 1968) sind die Chancen ebenfalls neutral.

- Die Metall-Ziege (1931, 1991) profitiert besonders von Erd-Affen (1908, 1968) und Feuer-Affen (1956). Gemeinsam mit einem Metall-Affen (1920, 1980) sind die Chancen ebenfalls neutral.
- Die Wasser-Ziege (1943, 2003) profitiert besonders von Metall-Affen (1920, 1980) und Erd-Affen (1908, 1968). Gemeinsam mit einem Wasser-Affen (1932, 1992) sind die Chancen ebenfalls neutral.
- Die Holz-Ziege (1955) profitiert schließlich besonders von Wasser-Affen (1932, 1992) und Metall-Affen (1920, 1980). Gemeinsam mit einem Holz-Affen (1944, 2004) sind die Chancen ebenfalls neutral.

Ziege mit Hahn

Der Hahn übt auf die Ziege eine fatale Anziehungskraft aus. Besitzt er doch in hohem Maße eine Eigenschaft, die die Ziege ihrerseits so sehr vermisst: Selbstsicherheit. Daher bewundert sie ihn auch unverhohlen und versucht, in seinem Leben einen Platz zu erobern. Tatsächlich wären die beiden auch keine schlechte Paarung. Der Hahn ist hoch intelligent und die Ziege noch immer geistig so rege, dass sie eine interessante Gesprächspartnerin abgibt. Er ist zielstrebig, eine Eigenschaft, die auch von der Ziege in ausreichendem Maß gelebt wird. Allerdings ist er sehr auf sich selber bezogen und kommt kaum auf die Idee, dass er seine Partnerin ab und zu loben sollte.

Die Ziege, die ansonsten so empfindlich auf ausbleibende Bestätigung anderer reagiert, ist beim Hahn diesbezüglich erstaunlich resistent. Allerdings bringt sie nicht mehr die Energie auf, ihm auf Dauer immer wieder zu bestätigen, wie toll er ist. Außerdem durchschaut sie deutlich früher als er, wenn er sich in seinen Fantasiewelten des Erfolges verflogen hat und wieder einmal glaubt, er habe sein Ziel bereits erreicht, noch bevor er überhaupt aktiv geworden ist. Das sagt sie ihm dann auch auf ihre nicht immer diplomatische Art, meint es aber im Grunde nicht böse. Leider reagiert er aber überaus beleidigt und wendet sich ab.

Für eine dauerhafte Freundschaft sollte es zwischen Ziege und Hahn allemal reichen. Eine fruchtbare Beziehung wird allerdings meist an der Eitelkeit des Hahns und den Selbstzweifeln der Ziege scheitern. Denn damit haben sie diametral entgegengesetzte Schwächen, die die fatale Eigenschaft haben, zusammen schwerer zu wiegen als jede für sich allein genommen.

Betrachtet man die Ziege-Hahn-Paarung unter Berücksichtigung der Elemente, dann ergeben sich folgende noch am ehesten Erfolg versprechende Beziehungen – wobei die Idealkombinationen sehr weit im Alter auseinanderliegen, was die Wahrscheinlichkeit für solche Beziehungen recht unwahrscheinlich macht:

- Die Feuer-Ziege (1907, 1967) profitiert besonders von Holz-Hahn (1945, 2005) und Wasser-Hahn (1933, 1993). Die Partnerschaft mit einem Feuer-Hahn (1957) ist aus Sicht der Ziege noch immer halbwegs ok.
- Die Erd-Ziege (1919, 1979) profitiert besonders von Feuer-Hahn (1957) und Holz-Hahn (1945, 2005). Gemeinsam mit einem Erd-Hahn (1909, 1969) sind die Chancen neutral.
- Die Metall-Ziege (1931, 1991) profitiert besonders von Erd-Hahn (1909, 1969) und Feuer-Hahn (1957). Gemeinsam mit einem Metall-Hahn (1921, 1981) sind die Chancen ebenfalls gut.

- Die Wasser-Ziege (1943, 2003) profitiert besonders von Metall-Hahn (1921, 1981) und Erd-Hahn (1909, 1969). Gemeinsam mit einem Wasser-Hahn (1933, 1993) sind die Chancen ebenfalls gut.
- Die Holz-Ziege (1955) profitiert schließlich besonders von Wasser-Hahn (1933, 1993) und Metall-Hahn (1921, 1981). Gemeinsam mit einem Holz-Hahn (1945, 2005) sind die Chancen ebenfalls gut.

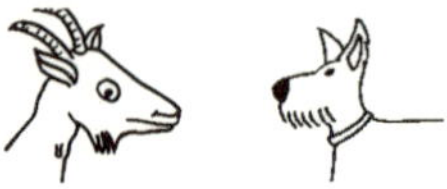

Ziege mit Hund

Der Hund ist für die Ziege zwar ein ritterlicher Kavalier, der mit seiner Einfühlsamkeit ihre Probleme und ihre Empfindlichkeit erkennt und sie vor der bösen Welt beschützt. Aber so ganz mag sie sich ihm dann doch nicht anvertrauen. Vor allem, wenn er sich wieder einmal in eine seiner Ideen verbissen hat, erschreckt sich die Ziege. Außerdem beschleicht sie dann auch noch der Verdacht, dass sie nicht das Wichtigste in seinem Leben sein könnte. Und das nährt ihre Selbstzweifel und sie beginnt zu jammern.

Der Hund wiederum beobachtet an der Ziege eine praktische Veranlagung, die ihm recht gut gefällt. Ihr Drang nach Struktur trifft sich in seiner Prinzipientreue und so hat er durchaus den Eindruck, es mit einer Person mit Handschlagqualität zu tun zu haben. Mehr aber auch nicht. Die große Liebe spürt weder die Ziege noch der Hund. Allerdings ist diese Kombination eine von dreien für die Ziege, in denen es beiden Partnern zumindest neutral geht. Und so tut sie gut daran, ein wenig erfindungsreich zu sein und dem Hund klarzumachen, dass sie eine zärtliche, friedliche Partnerin ist, die ihm das Leben angenehm machen kann. Im übertragenen Sinn sind Ziegen ja durchaus bereit, dem Partner das Fell zu kraulen. Und Hunde lecken ihrem Herrn mit Freude die Hände. Allerdings sollte sich die Ziege davor hüten, ihren Unmut in sich hineinzufressen und mürrisch zu werden, wenn etwas nicht nach ihrem Kopf läuft. Das kann der Hund überhaupt nicht leiden. Dann beginnt auch er zu knurren. Gelingt dies, dann kann aus einer Freundschaft auch eine harmonische Beziehung ohne große Höhen und Tiefen werden.

Betrachtet man die Ziege-Hund-Paarung unter Berücksichtigung der Elemente, dann ergeben sich folgende besonders Erfolg versprechende Beziehungen, die aufgrund des großen Altersunterschiedes aber eher unrealistisch sind:

- Die Feuer-Ziege (1907, 1967) profitiert besonders von Holz-Hunden (1934, 1994) und Wasser-Hunden (1922, 1982). Die Partnerschaft mit einem Feuer-Hund (1946, 2006) ist aus Sicht der Ziege gut.
- Die Erd-Ziege (1919, 1979) profitiert besonders von Feuer-Hunden (1946, 2006) und Holz-Hunden (1934, 1994). Gemeinsam mit einem Erd-Hund (1958) sind die Chancen ebenfalls gut.
- Die Metall-Ziege (1931, 1991) profitiert besonders von Erd-Hunden (1958) und Feuer-Hunden (1946, 2006). Gemeinsam mit einem Metall-Hund (1910, 1970) sind die Chancen ebenfalls gut.
- Die Wasser-Ziege (1943, 2003) profitiert besonders von Metall-Hunden (1910, 1970) und Erd-Hunden (1958). Gemeinsam mit einem Wasser-Hund (1922, 1982) sind die Chancen ebenfalls gut.
- Die Holz-Ziege (1955) profitiert schließlich besonders von Wasser-Hunden (1922, 1982) und Metall-Hunden (1910, 1970). Gemeinsam mit einem Holz-Hund (1934, 1994) sind die Chancen ebenfalls gut.

Ziege mit Schwein

Man sollte meinen, dass Schwein und Ziege ideal zusammenpassen. Bringt doch das Schwein mit seinem Frohsinn und seiner guten Laune ideale Voraussetzungen mit, um die Sorgenwolken der Ziege zu vertreiben. Die Ziege wiederum könnte dem Schwein Zärtlichkeit und Sensibilität schenken und ihm darüber hinaus mit Struktur zu einem wohlgeordneten Heim verhelfen.

Leider sieht es in der Realität jedoch so aus, dass sich beide als Partner gegenseitig ablehnen, jene Struktur verleihen, mit der es seinen Wohlstand mehren könnte.

Die Gradlinigkeit des Schweins verbietet ihm, die Ziege immer wieder so zu bestärken, wie diese das brauchen würde. Sieht das Schwein mögliche Mängel, dann äußert es diese auch geradeheraus. Die Ziege stürzt sich dann in einen Wirbel aus Selbstvorwürfen und Selbstzweifeln, die das Schwein wiederum verzweifeln lassen. Umgekehrt nervt die Ziege das Schwein mit ihrem Hang zu Übertreibungen. Dann reagiert es auf seine Art, das heißt, es bekommt einen regelrechten Wutanfall. Was die Ziege noch weiter in ihre emotionale Verunsicherung treibt und sie die Welt noch schwärzer sehen lässt.

Auch in Bezug auf ihr Mitteilungsbedürfnis sind die beiden weit voneinander entfernt. Das Schwein tratscht für sein Leben gerne; die Ziege führt dagegen lieber Detailverliebte, halbphilosophische Diskussionen um des Teufels Bart. Das geht auf Dauer nicht wirklich gut, denn so reden sie beharrlich aneinander vorbei.

Betrachtet man die Ziege-Schwein-Paarung unter Berücksichtigung der Elemente, dann ergeben sich folgende herausragende Beziehungen – wobei auch hier aufgrund der vergleichsweise großen Altersabstände die Wahrscheinlichkeit sehr gering ist, dass man einem solchen Paar wirklich begegnet:

- Die Feuer-Ziege (1907, 1967) profitiert besonders von Holz-Schweinen (1935, 1995) und Wasser-Schweinen (1923, 1983). Die Partnerschaft mit einem Feuer-Schwein (1947, 2007) ist ebenfalls sehr gut.
- Die Erd-Ziege (1919, 1979) profitiert besonders von Feuer-Schweinen (1947, 2007) und Holz-Schweinen (1935, 1995). Gemeinsam mit einem Erd-Schwein (1959) sind die Chancen ebenfalls sehr gut.
- Die Metall-Ziege (1931, 1991) profitiert besonders von Erd-Schweinen (1959) und Feuer-Schweinen (1947, 2007). Gemeinsam mit einem Metall-Schwein (1911, 1971) sind die Chancen ebenfalls sehr gut.
- Die Wasser-Ziege (1943, 2003) profitiert besonders von Metall-Schweinen (1911, 1971) und Erd-Schweinen (1959). Gemeinsam mit einem Wasser-Schwein (1923, 1983) sind die Chancen ebenfalls gut.
- Die Holz-Ziege (1955) profitiert schließlich besonders von Wasser-Schweinen (1923, 1983) und Metall-Schweinen (1911, 1971). Gemeinsam mit einem Holz-Schwein (1935, 1995) sind die Chancen ebenfalls gut.

Die Ziege in der westlichen Astrologie

Dass es nur begrenzt sinnvoll ist, das chinesische Horoskop mit dem europäischen zu mischen, liegt auf der Hand. Bleibt man beim rein chinesischen System, so modifiziert der Monatsregent, dessen jeweiliger Geltungsbereich sich zur Hälfte mit einem europäischen Tierkreiszeichen überschneidet (vergleiche Tabelle 6, Seite 62), den Jahresregenten. Nun einfach den chinesischen Monatsregenten mit dem entsprechenden europäischen Pendant auszutauschen, greift allerdings viel zu kurz.

Beide Systeme entstanden durch die Beobachtung natürlicher Abläufe und Rahmenbedingungen. Man integrierte diese Beobachtungen nicht nur in komplett unterschiedliche Kalendersysteme, sondern hatte zusätzlich auch noch gänzlich andere Vorstellungen vom Wesen der Zeit.

Zudem wurden die Beobachtungen vor anderen kulturellen Hintergründen interpretiert. Symbole, die für die Europäer eine tief in ihrem Erbe verwurzelte Bedeutung haben, werden von den Asiaten gänzlich anders, vielleicht sogar gegensätzlich interpretiert. Das konnten wir beispielsweise sehen, als wir uns dem Symbolgehalt des Hasen in beiden Kulturkreisen näherten. Gilt er den Europäern unter anderem als leicht einfältiges Wesen, schätzen ihn die Chinesen für seine Diplomatie. Aus diesem Grund ist es aber auch kein Beweis für die Unrichtigkeit der Beobachtungen, wenn beide Horoskopsysteme zu unterschiedlichen Ergebnissen kommen.

Wagen wir also das Experiment, wenngleich mit den erwähnten Einschränkungen, und stellen wir die unterschiedlichen Systeme nebeneinander. Dabei gehen wir davon aus, dass das europäische Sternzeichen einen ähnlich modifizierenden Einfluss auf den Jahresregenten besitzt wie der chinesische Monatsregent.

Widder-Ziege

Beginnen wir unseren Vergleich mit der Widder-Ziege, also jener Ziege, die zwischen dem 21. März und dem 20. April geboren wurde. Widder-Ziegen sind Einzelgänger. Sie stehen immer ein wenig abseits der Herde – auch wenn sie sie dringend benötigen würde, um ihr Bedürfnis nach Wärme, Sicherheit und Selbstbestätigung zu stillen.

Im Verhältnis zu anderen Ziegen sind sie bemerkenswert unbeugsam und hartnäckig. Statt sich mit Gemecker zufriedenzugeben, setzen sie lieber ihre Hörner ein und verschaffen ihren Wünschen damit den nötigen Nachdruck. In einer Auseinandersetzung mit einer Widder-Ziege kracht es dann manchmal auch ordentlich.

Allerdings überfahren sie andere Menschen auch nicht und setzen am liebsten ihren Charme ein, wenn sie ein Ziel erreichen wollen.

Stier-Ziege

Die Nächsten im Reigen des ungewöhnlichen Vergleichs sind die Stier-Ziegen, also jene Ziegen, die zwischen dem 21. April und dem 20. Mai auf die Welt gekommen sind. Stier-Ziegen sind anhänglich und treu, ausgesprochene Familienmenschen, und sie legen großen Wert auf finanziell und emotional stabile Beziehungen.

Sie sind geduldig und gehen am liebsten keinerlei Risiko ein. Doch wenn man sie reizt, zeigen sie ihre Hörner sehr wohl. Vorsichtig tasten sie sich an Aufgaben wie an Beziehungen heran. Voller Angst, in ihren tiefen Gefühlen verletzt zu werden, warten sie lange, ehe sie sich erklären. Doch wenn sie sich ihrer Sache sicher sind, stehen sie beharrlich und unverrückbar zu ihrer Entscheidung und zu ihrem Partner.

Zwillinge-Ziege

Als Nächste betrachten wir die Zwillinge-Ziegen. Es sind jene Ziegen, die zwischen dem 21. Mai und dem 21. Juni geboren wurden. Zwillinge-Ziegen wirken stets ein wenig zerstreut. Sie haben immer etwas anderes im Kopf, als was man glaubt, wirken immer geistig beschäftigt, wenn nicht sogar nervös. Ihrer Umgebung begegnen sie mit wacher Neugier, sind aber deutlich weniger von ihr abhängig als ihre Ziege-Brüder und -Schwestern.

Wo sie ihre Originalität einbringen können, machen sie Karriere und wachsen mit ihren Aufgaben. Wenn sie hingegen nicht gefordert werden, verkümmern sie sehr schnell, werden träge, entscheidungslos und geschwätzig. Sie lachen gern und pflegen ihren Freundeskreis, gehen aber nicht darin verloren.

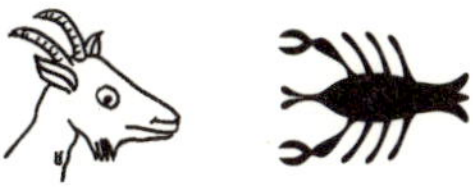

Krebs-Ziege

Als Nächste treten mit den Krebs-Ziegen besonders sensible, empfindsame und feinfühlige Geschöpfe auf den Plan. Sie wurden in der Zeit zwischen dem 22. Juni und dem 22. Juli geboren und widmen ihr Leben und damit auch ihre Zielstrebigkeit der lieben Familie und dem trauten Heim. Dabei laufen sie Gefahr, dass man ihre eigenen Gefühle schlicht nicht erkennt, so gut sind sie versteckt.

Da sie ihr Selbstbewusstsein aus der Zahl derjenigen Personen beziehen, die sie lieben, ist Frust fast vorprogrammiert. Wenn man sie liebevoll umarmt, aber zu nichts drängt, gehen sie erfolgreich ihren Weg – auch wenn andere ihre Zweifel haben, dies als Weg oder Gehen zu bezeichnen.

Doch Vorsicht: Auch diese Ziegen haben Hörner, und die Scheren des Krebses sind nicht nur zur Zierde da. Wer sich die Mühe macht, dreimal hinzuschauen, gewinnt einen liebevollen, sanften, familiären Partner.

Löwe-Ziege

Löwe-Ziegen sind jene Ziegen, die zwischen dem 23. Juli und dem 23. August geboren wurden. Diese Ziegen sind extrovertiert genug, sich inmitten einer lauten Gesellschaft oder auf einer Bühne wohlzufühlen. Und ihre persönliche Ausstrahlung ist stark genug, die Unsicherheit, die dahinter steht, zu überstrahlen.

Mit ihrer Meinung über andere halten sie nicht hinter dem Berg, tun dies aber humor- und liebevoll. Ihre Energie weckt die Bewunderung anderer, und sie gewinnen leicht eine größere Anhängerschaft. Ehe man sie sich zum Feind macht, sollte man sich die Sache besser dreimal überlegen, wenn man sie zum Freund hat, hat man einen starken und zugleich einfühlsamen Verbündeten.

Sex ist ihnen sehr wichtig und sie lassen auf der Suche nach dem idealen Partner so manches gebrochene Herz hinter sich.

Jungfrau-Ziege

Jungfrau-Ziegen, die zwischen dem 24. August und dem 23. September geboren wurden, sind die klassischen heimlichen Helden.

Sie sind besonders hilfsbereit und altruistisch, streben nach Perfektion auch in dieser Hinsicht und tun alles in ihrer Macht Stehende, damit es anderen besser geht. Und was das Beste ist: Sie tun dies alles ohne viel Aufhebens und Getue um ihre eigene Person. Sie sind qualitätsbewusst, stellen hohe Ansprüche an sich und andere und richten auch ihre Wohnung entsprechend sorgfältig ein.

Als liebevolle Partner und fürsorgliche Eltern sind sie ebenso erfolgreich wie in Berufen, in denen ihr klarer Verstand gefragt ist. Wo sie sich nicht anerkannt fühlen, werden sie zu brillanten Nörglern.

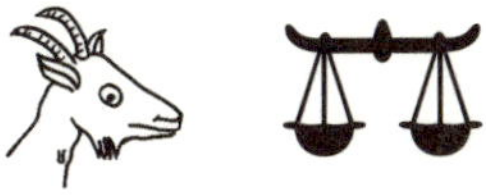

Waage-Ziege

Wenden wir uns dem nächsten Vertreter der chinesisch-europäischen Horoskopverschmelzung zu, der zwischen dem 24. September und dem 23. Oktober geborenen Waage-Ziege. Waage-Ziegen legen großen Wert auf den äußeren Eindruck, den sie vermitteln. Stets erscheinen sie untadelig und wie aus dem Ei gepellt, ohne dabei besonders viel Geld für Kleidung, Kosmetik und Frisör auszugeben.

Repräsentative Aufgaben kann man ihnen ohne weiteres anvertrauen, wenngleich auch sie immer wieder von Unsicherheit und Selbstzweifeln geplagt werden.

Waage-Ziegen sind keine Einzelgänger, sondern arbeiten lieber mit anderen zusammen – auch im Privatleben übrigens. Sie wissen sehr wohl, wie viel Kraft ihnen eine Beziehung geben kann, und streben sie an. Wenn es ihnen gelingt, ihre Entschlusslosigkeit zu überwinden, können sie in verschiedenen Berufen, die mit Öffentlichkeit zu tun haben, sehr erfolgreich sein.

Skorpion-Ziege

Deutlich weniger beziehungsorientiert geht die Skorpion-Ziege mit ihrer ausgeprägten Willenskraft durchs Leben. Skorpion-Ziegen kamen zwischen dem 24. Oktober und dem 22. November auf die Welt und sind seit ihrer frühesten Kindheit stets bereit, ihren Kopf durchzusetzen. Widerstand ist ihrer Ansicht nach dazu da, beseitigt zu werden.

Sie haben hohe Ideale und erstaunlich viel Selbstdisziplin, fordern aber auch von ihrer Umgebung kompromisslos die gleichen Leistungen wie von sich selber. Dass nicht jeder Mensch die gleichen Werte besitzt wie sie selber, ist ihnen nur schwer begreiflich zu machen. Dass Ziegen im Grunde verständnisvolle Wesen sind, ist bei dieser speziellen Spezies nicht leicht zu erkennen.

Das Sexualleben der Skorpion-Ziegen ist – gelinde gesagt – abenteuerlich, ihr Eheleben desgleichen. Wenn man sie sich zu Feinden macht, werden sie eiskalte, gnadenlose Rachegeister – Hörner gepaart mit dem giftigen Stachel mahnen zur Vorsicht.

Schütze-Ziege

Schütze-Ziegen, die zwischen dem 23. November und dem 21. Dezember geboren wurden, halten es auch ganz gut einmal ohne ihre Herde aus – für eine Weile jedenfalls. Sie sind risikobereit, offen heraus und ehrlich in ihrer Ansicht über andere, erwarten aber von anderen auch dieselbe Offenheit. Zum Glück sind sie weniger empfindlich als andere Ziegen.

Reisen und Bewusstseinserweiterungen sind für sie ganz wichtig, neue Sichtweisen und die Bekanntschaft mit interessanten Leuten desgleichen. Da sie gleichzeitig sehr genügsam sind, gönnen sie sich diese Erfahrungen auch ganz gerne einmal, indem sie aus dem gewohnten Leben aussteigen, den Beruf oder den Wohnort wechseln oder sich für einige Zeit auf einen anderen Kontinent begeben.

Wenn sie ganz ehrlich sind, benötigen sie eine Mischung aus der Sicherheit des heimischen Herdes und der Abwechslung eines abenteuerlichen Lebens, um glücklich zu sein.

Steinbock-Ziege

Steinbock-Ziegen, die zwischen dem 22. Dezember und dem 20. Januar auf die Welt kamen, haben ein ausgeprägtes Gespür für Tendenzen und Strömungen der Zeit, und sie zögern auch nicht, diese aufzugreifen und für sich selbst nutzbar zu machen.

Besonders auf dem finanziellen Sektor macht sich diese Einstellung fruchtbar bemerkbar, und da ihnen weltliche Güter und Reichtümer als Zeichen ihres Wohlbefinden sehr wichtig sind, investieren sie in diesen Bereich auch einiges an Mühen. Auch die für Ziegen notwendige Selbstbestätigung holen sich diese Vertreter der Ziegen-Familie eher auf dem materiellen Sektor als bei Partnern, Freunden und Kollegen.

Menschliche Beziehungsebenen, zumal solche, die sehr subtil sind, bleiben da eher auf der Strecke. Nur wenn sie sich selbst bei anderen sehr sicher fühlen, wagen sie es, aufzumachen und ihre Gefühle zu zeigen.

Wassermann-Ziege

Wassermann-Ziegen kamen zwischen dem 21. Januar und dem 19. Februar zur Welt und sind schwer einzuordnende Zeitgenossen. Einerseits sind sie anderen Menschen gegenüber hilfsbereit, bewahren dabei aber andererseits stets eine gewisse Distanz.

Sie sind frei von Dünkel, fühlen sich auch mit der Menschheit brüderlich verbunden, doch nur wenige Menschen können von sich behaupten, dass sie eine Wassermann-Ziege wirklich gut kennen. Mit ihrer exzentrischen Art bleiben sie vielen verschlossen und wirken stets etwas geheimnisvoll.

Obgleich auch ihnen eine gewisse Häuslichkeit nicht abzusprechen ist, brauchen sie für Ziegen ungewöhnlich viel Freiheit. Im Beruf ist ihnen die gegenseitige Befruchtung mit interessanten Kollegen sehr wichtig.

Fische-Ziege

Die zwischen dem 20. Februar und dem 20. März geborenen Fische-Ziegen konzentrieren sich mit all ihrer außergewöhnlichen Sensibilität auf Dinge, die andere Menschen noch nicht einmal wahrnehmen. Daher scheinen sie manchmal wie von einem anderen Stern.

Atmosphäre ist ihnen sehr wichtig, Stimmungen anderer Menschen erleben sie sehr bewusst und Streit ist ihnen verhasst. Sie fühlen sich nur dann wohl, wenn sie auf geregelte finanzielle Angelegenheiten und stabile persönliche Beziehungen zurückgreifen können. Wo diese fehlen, reagieren sie verwirrt und voller Selbstzweifel. Dann sabotieren diese Ziegen quasi das eigene Leben und stolpern in emotionale Fallen, die sie sich im Grunde selber aufgestellt haben.

Sind Partnerschaft und Finanzen dagegen in Ordnung, entpuppen sich diese Ziegen als kreative, geistvolle und vergnügliche Gegenüber.

Berühmte Ziegen

Es liegt in der Natur von Prominentenlisten, dass dort vor allem Politiker, Künstler und Sportler auftauchen. Denn mit welchen anderen Berufen lässt sich schon eine Prominenz erwerben, die eine Aufnahme in derartige Listen rechtfertigt.

Bei einer Aufzählung prominenter Ziegen begegnen einem allerdings überdurchschnittlich viele Menschen, die als Politiker oder im politiknahen Bereich im Licht der Öffentlichkeit stehen. Manchen merkt man die Sanftheit und Zurückhaltung der Ziegen dabei aber durchaus noch an. Christoph Kolumbus, Michelangelo Buonarotti, Rosa Luxemburg, Michail Gorbatschow, Boris Becker, Walter Gropius und – wer hätte das gedacht – Mick Jagger sind in einem Jahr der Ziege geboren.

Metall-Ziege Michail Gorbatschow

Beginnen wir unsere Beschreibung prominenter Ziegen mit einer ganz besonders rückgratstarken Ziege, der Metall-Ziege Michail Sergejewitsch Gorbatschow, der am 2. März 1931 im russischen Priwolnoje in eine Bauernfamilie hineingeboren wird. Zunächst arbeitet Gorbatschow als Mechaniker, bevor er an der Universität von Moskau das Studium der Rechtswissenschaften absolviert. Zunächst deutet nichts auf das spätere revolutionäre Wirken Gorbatschows hin.

Im Alter von 21 Jahren tritt er der KPdSU, der Kommunistischen Partei der Sowjetunion, bei, beendet vier Jahre später sein Jurastudium und kehrt als Apparatschik in seine Heimat, dem Kreis Stawropol, zurück. Mit 35 Jahren schließt er die Ausbildung zum Agrarökonom ab und übernimmt in der Partei diverse Positionen. 1970 wird er 1. Sekretär für Landwirtschaft, ein Jahr später wird er ins Zentralkomitee der Kommunistischen Partei berufen, 1974 wird er Repräsentant des Obersten Sowjet. Alles in allem eine für eine Ziege angemessene, brave Parteikarriere, die ihn mit kleinen, aber stetigen Schritten nach oben bringt. 1979 ist er relativ weit oben angekommen, er wird Mitglied des Politbüros. In dieser Zeit lernt er auch den Chef des Geheimdienstes, Juri Andropow, kennen, der seine Karriere weiter unterstützt.

In den folgenden Jahren kommt Gorbatschow viel in der Welt – auch der westlichen – herum. Er besucht die Bundesrepublik Deutschland, Kanada und Großbritannien und trifft in Premierministerin Margret Thatcher auf einen Holz-Büffel, der als einer der ersten westlichen Politiker die revolutionären Denkansätze des Russen erkennt. Büffel haben eben eine Schwäche für Ziegen ...

1985 wird Gorbatschow mit 54 Jahren zum Generalsekretär der KPdSU gewählt, 1986 beginnt er mit Glasnost (Offenheit) und Perestroika (Umbau) den drohenden Verfall des Kommunismus aufzuhalten. Er bekennt sich zu den Fehlern der kommunistischen Politik seit Stalin und den sowjetischen Verbrechen während des Zweiten Weltkrieges. 1988 erklärt er das Ende der Breschnew-Doktrin, die die Vorherrschaft des Kommunismus im Gebiet der Warschauer-Pakt-Staaten festschrieb, und ermöglichte damit eine Reihe sanfter Revolutionen im Gebiet des sogenannten Ostblocks. Letztlich stellte er damit auch die Weichen für die deutsche Wiedervereinigung.

1990 erhielt Gorbatschow für sein Wirken den Friedensnobelpreis, im gleichen Jahr wird er noch zum Präsidenten der UdSSR gewählt. Doch die einsetzende Demokratisierung des Landes führte zu einem rasanten Machtverlust der Kommunisten, immer mehr Länder traten aus der Sowjetunion aus und erklärten ihre Unabhängigkeit. 1989 hatte Gorbatschow den Versuch der Balten, sich von der Sowjetunion loszusagen, noch kurzfristig mit militärischer Gewalt beantwortet. Bald stellte er die Kampfhandlungen allerdings ein und ignorierte die Unabhängigkeit nur auf diplomatischem Weg.

Doch der Verfall der Sowjetunion war nicht mehr aufzuhalten. Teile der russischen Bevölkerung und des ehemaligen Machtapparates konnten sich mit dieser Entwicklung nicht abfinden. Es kam zu einem – letztlich erfolglosen – Putsch, allerdings wurde Gorbatschow letztlich von Boris Jelzin entmachtet und trat im Dezember 1991 als Präsident zurück. Heute engagiert er sich im Rahmen von Umwelt- und Friedensaktivitäten, ist in seinem Land aber völlig einflusslos. Man macht ihn für den Zerfall des Sowjetimperiums und die folgenden wirtschaftlichen Probleme beim Übergang von der Plan- auf eine Marktwirtschaft verantwortlich. Im Westen genießt er dagegen hohes Ansehen.

Wasser-Ziege Silvia Sommerlath

Auch unsere nächste Ziege kommt aus dem politiknahen Umfeld, allerdings nicht als Gestalterin, sondern als Repräsentantin. Die Wasser-Ziege Silvia Renate Sommerlath wird am 23. Dezember 1943 in Heidelberg als Tochter eines Deutschen und einer Brasilianerin geboren und wächst zeitweise mit ihren drei älteren Brüdern in São Paulo auf. Nach dem Abitur studiert sie Sprachen, unter anderem spricht sie Schwedisch, Portugiesisch, Spanisch, Französisch und Englisch. Während der Olympischen Spiele 1972 in München lernt die heutige Königin der Schweden den schwedischen Thronfolger Carl Gustav kennen, 1976 heiratet das Paar.

Was nun folgt und in der Klatschpresse auf der ganzen Welt eifrig verfolgt wird, ist das typische Leben einer Wasser-Ziege. Zunächst gebärt die Deutsche ihrem drei Jahre jüngeren Mann drei Kinder, die 1977 geborene Kronprinzessin Victoria sowie 1979 den Prinzen Carl Philip und 1982 die Prinzessin Madeleine. Nach Victorias Geburt wird das schwedische Thronfolgerecht dahingehend geändert, dass künftig nicht mehr der älteste Sohn, sondern das älteste Kind die Thronfolge antreten sollte.

Insgeheim hatte man Bedenken, ob die Mittdreißigerin weitere Kinder bekommen würde, und wollte kein Risiko in der Thronfolge eingehen. Als nach zwei Jahren der Sohn das Licht der Welt erblickt, will Carl Gustav die Gesetzesänderung zurücknehmen, stößt aber bei seiner Frau auf ebenso eisiges Unverständnis wie bei seinen traditionell sehr an der Gleichstellung der Geschlechter interessierten Landsleuten.

Doch zurück zu Silvia. Sie ist in Schweden ebenso beliebt wie im Ausland. Sie engagiert sich für soziale Projekte, zeigt sich als liebevolle, aber strenge und prinzipientreue Mutter und im höchsten Maße disziplinierte Repräsentantin ihres Landes. Mitte der 90er-Jahre beginnt ihr Mann – ein Feuer-Hund – zunächst diskret, dann aber phasenweise immer indiskreter, sich anderen Frauen zuzuwenden.

Auch die Töchter schlagen mit unerwünschten Beziehungen über die Stränge, wobei die Kronprinzessin noch mehr

Haltung bewahrt als ihre jüngere Schwester. Allerdings bezahlt sie diese Haltung mit Essstörungen, ein Umstand, der in der Presse auch immer wieder Mutter Silvia und ihrer prinzipientreuen Strenge zugeschrieben wird.

In dieser Zeit kann man gut an den veröffentlichten Fotos der schwedischen Königin beobachten, wie eine Wasser-Ziege auf solche Zumutungen reagiert. Sie stürzt sich nicht in Abwechslung und eigene Abenteuer wie die königlichen Kolleginnen in Großbritannien. Sie richtet auch nicht ihrer Familie über die Medien ihre Meinung aus oder sucht in anderer Form Distanz. Sie wird nur steif und wortkarg, um den Mund zeigen sich immer tiefere bittere Züge. Mittlerweile dürfte der Feuer-Hund wieder ins heimatliche Drottingholm, das schwedische Königsschloss zurückgefunden haben. Der Eindruck, den das Paar bei offiziellen Anlässen macht, ist dennoch unverändert eisig.

Erd-Ziege Walter Scheel

Wenden wir uns nun einem weiteren Politiker unter den Ziegen zu, und zwar einem, der in der Mitte zwischen reiner Repräsentation und tatsächlich vorhandener politischer Macht stand, nämlich dem ehemaligen deutschen Bundespräsidenten Walter Scheel. Die Erd-Ziege Scheel wird am 8. Juli 1919 im deutschen Solingen in eine Arbeiterfamilie geboren. Nach dem Abitur 1938 beginnt Scheel eine Banklehre, muss sie aber aufgrund eines Einberufungsbefehls zur Luftwaffe bereits ein Jahr später unterbrechen.

1946 tritt Scheel der sich formierenden liberalen Partei FDP bei, 1954 wird er Mitglied des Landesvorstandes der Partei in Nordrhein-Westfalen, 1956 zusätzlich Mitglied des Bundesvorstandes. Seine Parteikarriere schreitet voran, 1961 wird er im Kabinett von Konrad Adenauer erstmals Minister. Bereits ein Jahr später tritt er aus Protest gegen die undurchsichtigen Machenschaften von Verteidigungsminister Franz Josef Strauß mit anderen FDP-Ministern zurück, gehört aber dem ohne Strauß neu gebildeten Kabinett in gleicher Funktion kurze Zeit später wieder an. Wenn man da nicht die beharrliche Konsequenz der Ziege und ihr Durchsetzungsvermögen anhand ihrer Hörner spürt ...

1969 wird er unter Willy Brandt Vizekanzler und Außenminister. Gemeinsam mit Brandt gilt er als Vater der Entspannungspolitik und der neuen Deutschlandpolitik. Er besucht als erster deutscher Außenminister Israel und leitet auch dort eine Annäherung der Staaten ein.

1974 wird Scheel Bundespräsident, eine Funktion, die laut Verfassung eher repräsentativen als wirklich realpolitisch gestaltenden Charakter hat. Aber Scheel wäre keine Ziege, hätte er es damit bewenden lassen. So verweigert er beispielsweise die Unterschrift unter die Abschaffung der Gewissensprüfung bei Wehrdienstverweigerung. Und zwar aus einem für Ziegen typischen Grund: Er stößt sich weniger am Inhalt des Gesetzes, sondern bemängelt sein fehlerhaftes Zustandekommen. Seiner Meinung nach ist die Zustimmung des Bundesrates für ein derartiges Gesetzesvorhaben notwendig.

Auch im Privatleben Scheels lässt sich die Sehnsucht der Erd-Ziege nach der Geborgenheit einer Familie erkennen. In erster Ehe ist Scheel 24 Jahre verheiratet. Drei Jahre nach dem Tod der ersten Frau heiratet Scheel seine zweite Frau Mildred, die als Begründerin der Deutschen Krebshilfe selbst sehr bekannt wird. Sie bringt eine Tochter mit in die Ehe, eine weitere wird dem Paar geboren, ein Sohn aus Bolivien adoptiert. Aber auch Mildred stirbt – wiederum trauert die Erd-Ziege drei Jahre und heiratet danach zum dritten Mal.

Holz-Ziege Doris Dörrie

Wenden wir uns nun von der Politik ab und den kreativen Kunstschaffenden zu. In diesem Fall geht es um die Holz-Ziege Doris Dörrie, die am 26. Mai 1955 in Hannover geboren wird. Nach dem Abitur geht sie 1973 für zwei Jahre in die USA, um zunächst in Kalifornien, später in New York Schauspiel und Film zu studieren. Zurück in Deutschland schreibt sie sich an der Hochschule für Film und Fernsehen in München ein und verfasst Filmkritiken für die Süddeutsche Zeitung.

Es ist diese für Ziegen typische Mischung aus kreativem Gespür und einfühlsamer Beobachtungsgabe, die Dörrie zu einer der erfolgreichsten Autorinnen, Regisseurinnen und Produzentinnen des deutschen Gegenwartsfilms macht. Doch zunächst startet sie als freie Mitarbeiterin an diversen Fernsehanstalten und dreht kleinere Dokumentarfilme.

Ihr eigentliches Fach ist aber die Komödie, in der sie mit Ironie und einer gewissen Schärfe vor allem das Geschlechterverhältnis auf die Schaufel nimmt. Ihre bekannteren Werke sind „Männer" sowie „Er und ich". Sowie der – für eine Ziege typische – Titel: „Bin ich schön?"

Mittlerweile ist die Holz-Ziege in der Welt der Erfolgreichen und Etablierten angekommen. Seit 1997 ist sie an ihrer früheren Ausbildungsstätte in München, der Hochschule für Film und Fernsehen, Professorin für Angewandte Dramaturgie und Stoffentwicklung. An der Staatsoper Berlin inszeniert sie seit 2001 diverse Opern; die Rigoletto-Inszenierung 2005 wurde in einer Kritikerumfrage der Zeitschrift Opernwelt zum „Ärgernis des Jahres" erhoben.

Das muss Dörrie nicht verdrießen, bekommt sie doch auch genug Anerkennung von offizieller Seite. Insgesamt zieren mehr als 20 Auszeichnungen ihre Biografie, darunter so markante Ehren wie das Bundesverdienstkreuz (1996), der Bayerische Verdienstorden (2000) und der Deutsche Bücherpreis (2003). Für Selbstzweifel sollte da selbst bei einer Ziege kein Platz mehr sein.

Feuer-Ziege Astrid Lindgren

Wenden wir uns zu guter Letzt einer weiteren Schriftstellerin zu, die unter dem Jahresregenten der Ziege zur Welt gekommen ist: der Feuer-Ziege Astrid Lindgren. Astrid Anna Emilia Ericsson kommt am 14. November 1907 bei Vimmerby in Smaland als Tochter der Pfarrhofspächter auf die Welt. Ihre Kindheit gemeinsam mit einem älteren Bruder und zwei jüngeren Schwestern beschreibt sie als sehr glücklich; einige Kindheitserinnerungen finden sich zweifelsohne in ihren Kinderbüchern wieder.

Doch zunächst arbeitet sie ab 1924 als Volontärin bei der örtlichen Tageszeitung, wird vom Chefredakteur schwanger, weigert sich jedoch, ihn zu heiraten. Sie geht nach Stockholm, um dort eine Ausbildung zur Sekretärin zu machen, 1926 kommt Sohn Lars in Kopenhagen auf die Welt und wird dort zu Pflegeeltern gegeben. Zurück in Stockholm arbeitet Astrid Ericsson auf verschiedenen Sekretariatsposten, 1928 lernt sie im Job ihren späteren Ehemann Sture Lindgren kennen.

1931 heiraten die beiden, Lindgren holt ihren Sohn zu sich, 1934 kommt Tochter Karin zur Welt. Sie soll es auch sein, die ihrerseits zur Geburtshelferin von Pippi Langstrumpf, Kalle Blomquist, Ronja Räubertochter und all den anderen bekannten Lindgren-Figuren wird. Die Tochter wird 1941 krank und erfindet während dieser Zeit die Figur der Pippi Lotta. 1944 greift Lindgren die Geschichte während einer eigenen Krankheit auf und schreibt sie zum zehnten Geburtstag der eigenen Tochter nieder und reicht sie beim Verlag Albert Bonnier ein. Der lehnt jedoch ab, wirken die Geschichten rund um die eigensinnige Seemannstochter doch allzu eigenwillig. Brav und angepasst wie eine Ziege – das muss man sagen – ist die Pippi ja nun allemal nicht.

Aber Astrid hat die Lust am Schreiben entdeckt, schreibt weiter und erhält für „Britt Mari erleichtert ihr Herz" den zweiten Platz in einem Wettbewerb. Wenn das kein Ansporn für eine Ziege ist! Lindgren überarbeitet das Pippi-Manuskript, reicht es bei einem anderen Verlag ein und schafft es tatsächlich: Pippi Langstrumpf erblickt das Licht der Öffentlichkeit und erobert sofort die Herzen der Leser.

Die Arbeitsweise von Astrid Lindgren ist zeit ihres Lebens für eine Ziege typisch: Erst hält sie in Steno ihre Ideen fest, dann überarbeitet sie das Manuskript mehrfach und feilt an jedem einzelnen Satz so lange herum, bis er wirklich passt. Viele ihrer Bücher werden später verfilmt. Aber auch da behält sich die Schwedin die letzten Korrekturen vor und beeinflusst die Filme bis ins letzte Detail.

In ihren späteren Jahren wird Lindgren auch politisch aktiv. Sie protestiert gegen die Steuerlast des Sozialstaats Schweden, rechnet der Öffentlichkeit vor, dass sie 100,1 Prozent Steuern zahlen muss, also besser dran wäre, wenn sie kein Geld verdienen würde, und ruft dazu auf, die Sozialdemokraten abzuwählen, obwohl sie selbst Mitglied der Sozialdemokratischen Partei ist. Ihr Steuermärchen „Pomperipossa in Monismanien" wird von der Opposition zu Wahlkampfzwecken herangezogen, und wieder protestiert sie.

Sie engagiert sich für die gewaltfreie Erziehung von Kindern und trifft sich persönlich mit Mitgliedern der gewaltbereiten schwedischen Jugendszene: Gegenüber einem 17-jährigen Skinhead wird sie in den Medien mit dem Satz zitiert: „Versprich mir, dass du mit den Skinheadereien aufhörst. Sonst kann ich dich nicht mehr so lieb haben." Und angeblich hat die „Mutter" von Pippi Langstrumpf damit tatsächlich Erfolg.

Was jedenfalls verbrieft ist, ist ihre Art, den 80. Geburtstag einer Freundin zu feiern. An diesem Tag klettert sie mit dieser Freundin um die Wette auf einen Baum und verkündet im Fernsehen: „Es gibt schließlich kein Gesetz, das alten Weibern verbietet, auf Bäume zu klettern."

Am 28. Januar 2002 stirbt Lindgren in ihrer Stockholmer Wohnung an den Folgen einer Virusinfektion. In den Figuren ihrer Kinderbücher ist diese ganz besonders feurige Feuer-Ziege aber unsterblich.

Quellen- und Literaturhinweise

Termine der Jahresanfänge:
http://www.hko.gov.hk/gts/time/conversion.htm
http://www.chiniseastrology.com
http://www.bernhardpeter.de

Ulrike Müller-Kaspar (Hrsg.): Die Welt der Symbole, tosa 2005
Adrienne v. Taxis, Astrologie, tosa 1997

Jahresbeginn nach dem chinesischen Mondkalender	Ihr Tierkreis- zeichen	Jahresbeginn nach dem chinesischen Bauernkalender
15. 02. 1961	Büffel	04. 02. 1961
05. 02. 1962	Tiger	04. 02. 1962
25. 01. 1963	Hase	04. 02. 1963
13. 02. 1964	Drache	05. 02. 1964
02. 02. 1965	Schlange	04. 02. 1965
21. 01. 1966	Pferd	04. 02. 1966
09. 02. 1967	Ziege	04. 02. 1967
30. 01. 1968	Affe	05. 02. 1968
17. 02. 1969	Hahn	04. 02. 1969
06. 02. 1970	Hund	04. 02. 1970
27. 01. 1971	Schwein	04. 02. 1971
16. 02. 1972	Ratte	05. 02. 1972
03. 02. 1973	Büffel	04. 02. 1973
23. 01. 1974	Tiger	04. 02. 1974
11. 02. 1975	Hase	04. 02. 1975
31. 01. 1976	Drache	05. 02. 1976
18. 02. 1977	Schlange	04. 02. 1977
07. 02. 1978	Pferd	04. 02. 1978
28. 01. 1979	Ziege	04. 02. 1979
16. 02. 1980	Affe	05. 02. 1980
05. 02. 1981	Hahn	04. 02. 1981
25. 01. 1982	Hund	04. 02. 1982
13. 02. 1983	Schwein	04. 02. 1983
02. 02. 1984	Ratte	04. 02. 1984
20. 02. 1985	Büffel	04. 02. 1985
09. 02. 1986	Tiger	04. 02. 1986
29. 01. 1987	Hase	04. 02. 1987
17. 02. 1988	Drache	04. 02. 1988
06. 02. 1989	Schlange	04. 02. 1989
27. 01. 1990	Pferd	04. 02. 1990
16. 02. 1991	Ziege	04. 02. 1991
04. 02. 1992	Affe	04. 02. 1992
23. 01. 1993	Hahn	04. 02. 1993
10. 02. 1994	Hund	04. 02. 1994
31. 01. 1995	Schwein	04. 02. 1995
19. 02. 1996	Ratte	04. 02. 1996